Dittrich/Jürgenliemk · Prüfungstraining Rechnungswesen

Prüfungstraining für Steuerfachangestellte

Die Bücher der Reihe Prüfungstraining für Steuerfachangestellte richten sich an auszubildende Steuerfachangestellte, die sich auf die Prüfung vorbereiten. Die Bücher helfen Verständnislücken auf prüfungsrelevanten Gebieten zu schließen, bieten eigene Kontrollmöglichkeiten und geben somit die erforderliche Sicherheit für das erfolgreiche Bestehen der Prüfung.

Bisher sind in der Reihe erschienen:

Prüfungstraining Rechnungswesen
von Sabine Dittrich und Ilse Jürgenliemk

Prüfungstraining Steuerlehre
von Sabine Dittrich

Abschlussprüfungen Steuerlehre, Rechnungswesen, Wirtschaftslehre
vom WIN Team

In Vorbereitung:

Prüfungstraining Mandantenorientierte Sachbearbeitung
von Sabine Dittrich

Sabine Dittrich/Ilse Jürgenliemk

Prüfungstraining Rechnungswesen

Sicher in die Zwischen- und Abschlussprüfung

Mit kostenlosen Lösungen im Internet

Mit Klausuren zur Zwischen- und Abschlussprüfung

Bibliografische Information Der Deutschen Bibliothek
Die Deutsche Bibliothek verzeichnet diese Publikation in der Deutschen Nationalbibliografie; detaillierte bibliografische Daten sind im Internet über <http://dnb.ddb.de> abrufbar.

1. Auflage Februar 2003

Der Gabler Verlag ist ein Unternehmen der Fachverlagsgruppe BertelsmannSpringer.
www.gabler.de

ISBN-13: 978-3-409-12062-3 e-ISBN-13: 978-3-322-89491-5
DOI: 10.1007/978-3-322-89491-5

Vorwort

Liebe Leserin, lieber Leser,

mit diesem Werk wollen wir angehenden Steuerfachangestellten eine optimale Vorbereitung auf die Zwischen- und Abschlussprüfung im Fach Rechnungswesen ermöglichen.

Unserer Erfahrung nach profitieren auch Studierende und angehende Finanzbeamte von den praxisnahen Übungen dieses Buches.

Sie finden sowohl kürzere Übungseinheiten mit deren Hilfe Sie Gelerntes fortlaufend festigen können, als auch die Möglichkeit, Originalprüfungen zu trainieren. Der Bewertungsmaßstab im Lösungsteil hilft Ihnen, die eigene Leistung realistisch einzuschätzen und eventuelle Defizite rechtzeitig zu erkennen.

Die meisten Aufgaben sind bereits von uns im Unterricht zusammen mit unseren angehenden Steuerfachangestellten auf ihre Tauglichkeit getestet worden. An dieser Stelle danken wir unseren Auszubildenden für manch guten Tipp.

Unser Dank gilt auch Frau Lena Schuster aus Hof für die Karikaturen und Frau Maria Koch, Ottobrunn, für Adlerauge und Rotstift bei der Manuskripterstellung.

Trotz größtmöglicher Sorgfalt können wir Fehler nicht vollständig ausschließen. Ihre Hinweise, Anregungen und Tipps finden bei uns immer ein dankbares offenes Ohr. Sie erreichen uns über den Verlag oder info@steuernlernen.de.

Wir und der Verlag wünschen Ihnen viel Erfolg in Ausbildung und Prüfung und sind sicher, dass dieses Buch Ihnen dabei eine gute Hilfe sein wird.

Sabine Dittrich und Ilse Jürgenliemk

Hof/Germering, im Januar 2003 Sabine Dittrich und Ilse Jürgenliemk

Wichtige Hinweise

ERLÄUTERUNG DER PICTOGRAMME:

Die Glühbirne weist auf einen Autorentipp hin. Sie finden Wissenswertes zu Prüfung, Ausbildungsverlauf oder Lernmethoden.

Der Blitz zeigt Ihnen Aufgaben an, die praxisbezogenes Weiterdenken für die Lösung voraussetzen.

Der Stift kommt mit dem Kennzeichen ZP und AP vor. Die entsprechenden Aufgaben sind in gleicher oder ähnlicher Form vermehrt in Zwischen- bzw. Abschlussprüfungen zu finden. Steht das Zeichen vor der Aufgabenstellung, so bezieht es sich auf die gesamte Aufgabe mit allen Teilen. Manchmal steht es vor einer Teilaufgabe (Fall), dann gilt es nur für diese.

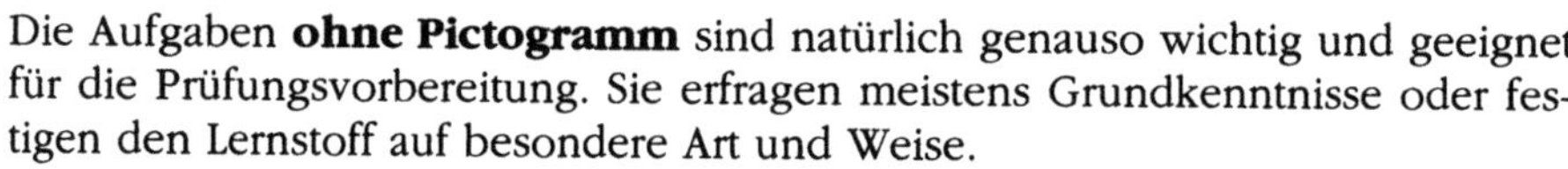

Die Aufgaben **ohne Pictogramm** sind natürlich genauso wichtig und geeignet für die Prüfungsvorbereitung. Sie erfragen meistens Grundkenntnisse oder festigen den Lernstoff auf besondere Art und Weise.

ALLGEMEINES ZUR GESTALTUNG DER AUFGABEN UND LÖSUNGEN

Die Lösungen finden Sie mit Rechtsstand 2002 und ab 31.07.2003 auch mit Rechtsstand 2003 im Internet unter **www.gabler.de/dittrich** . Bitte beachten Sie die Hinweise im Internet-Lösungsteil.

Vielleicht fällt Ihnen auf, dass **die Aufgaben** im Stil nicht gleichartig aufgebaut sind. Bei manchen könnte man meinen, wir hätten uns als Autoren keine Mühe mit einer schönen klaren Strukturierung gegeben. Wir wollten das Buch möglichst praxisnah gestalten. In Prüfungsaufgaben erwarten Sie verschiedenartigste Gestaltungsstile, daher sollen Sie üben, auch damit zurecht zu kommen.

Übrigens:

Haben Sie keine Hemmungen, in Ihr Buch hineinzuschreiben. Dies ist ja ein Arbeitsbuch und das kann man ihm ruhig ansehen!

Inhaltsverzeichnis

Im Inhaltsverzeichnis sind alle Gliederungspunkte des Buches aufgelistet. Sie finden im Textteil dazu jeweils vielfältige Aufgaben. Es hätte den Rahmen des Inhalsverzeichnisses gesprengt, alle Aufgaben einzeln aufzulisten.

Buchen, Bewerten, Bilanzieren

1. Buchen, Bewerten, Bilanzieren

Neben der Einkommen- und Umsatzsteuer ist sicher das Rechnungswesen - sowohl in Ihrer Ausbildung, als auch in der Praxis - der wichtigste Teil, den Sie mühelos beherrschen sollten. Liefert das Rechnungswesen doch im Wesentlichen die Besteuerungsgrundlagen.

Zu Unrecht wird "das Buchen" oft als kompliziert empfunden. Ganz im Gegenteil: sind die Grundlagen verstanden, eröffnen sich einem ungeahnte Möglichkeiten. Kaum ein Fach, das soviel Kreativität zulässt.

1.1 Grundwissen Rechnungswesen

1.1.1 Teilbereiche des Rechnungswesens

Das Rechnungswesen setzt sich aus vier Teilbereichen zusammen. Ergänzen Sie die vorgegebenen Begriffe:

Vergleichsrechnung, Kalkulation, Planung, Zeitraumrechnung

1. Buchführung = ______________________
2. Stückrechnung = ______________________
3. Statistik = ______________________
4. Vorschaurechnung = ______________________

Ordnen Sie folgende Aussagen den oben genannten Teilbereichen zu.

1. Erfasst und kontrolliert alle Kosten und deren Entwicklung. Ermöglicht so die Berechnung von Verkaufspreisen für eigene hergestellte Erzeugnisse oder Handelswaren. **= Nr. ____**
2. Damit die Unternehmensleitung Pläne für die künftige Entwicklung erstellen kann, stellt sie Unterlagen bereit. **= Nr. ____**
3. Ermittelt das Vermögen, die Schulden und den Erfolg des Unternehmens. **= Nr. ____**
4. Vergleicht den Unternehmensverlauf (Umsätze, Aufwendungen, Erträge) **= Nr. ____**

1.1.2 Welche Aufgaben erfüllt die Buchführung?

Ergänzen Sie den nachfolgenden Text sinnvoll mit folgenden Begriffen:

Gläubiger / Schulden / Vermögen / Wirtschaftsjahr / Schulden / Aufwand/ Erträge/ Gewinn / Verlust / innerbetriebliche Kontrollen / Grundlage/ Kalkulation / Beweismittel

1. Die Buchführung stellt den Stand von ____________ und ____________ fest.
2. Sie hält alle Veränderungen des Vermögens und der ____________ im Laufe eines ________ wertmäßig fest.
3. Sie erfasst alle ____________ und ____________, um den Erfolg des Unternehmens, also den ____________ oder den ____________ zu ermitteln.
4. Sie liefert die Zahlen für die ____________ und die ____________.
5. Sie stellt die Auskunftsdaten für die ______________ zusammen.
6. Sie ist die ____________ für die Besteuerung.
7. Sie bietet bei Rechtsstreitigkeiten ein wichtiges ______________.

Wer ist zur Buchführung verpflichtet? Ergänzen Sie sinnvoll.

Nach § 238 Abs.1 S.1 HGB ist jeder ______________ verpflichtet ___________ zu führen.

Wer ein Handelsgewerbe betreibt, ist ______________ gem. § 1 Abs. 1 HGB. Jeder Gewerbetrieb ist ein ______________, wenn nach Art und Umfang ein in ____________ Weise eingerichteter Geschäftsbetrieb vorliegt. Die Begriffsbestimmung eines Gewerbebetriebs finden Sie im § _____ EStG. Die steuerrechtliche Buchführungspflicht ergibt sich aus den §§ ________ AO. Wer nach anderen Gesetzen verpflichtet ist ____________ zu führen, ist es auch nach ______________.

Ist ein Gewerbetreibender oder ein Land- und Forstwirt weder nach Handelsrecht noch nach § 140 AO buchführungspflichtig, so ergibt sich aus der Vorschrift des § 141 AO die Buchführungspflicht wenn:

1. **Umsätze** von **mehr als** ______________ Euro im Kalenderjahr getätigt werden **oder**
2. der **Wirtschaftswert** (§ 46 BewG) der selbstbewirtschafteten land- und forstwirtschaftlichen Fläche **höher als** ______________ Euro ist **oder**
3. der **Gewinn** aus Gewerbetrieb **höher als** ____________ Euro im Wirtschaftsjahr ist **oder**
4. Der **Gewinn** aus Land- und Forstwirtschaft **höher als** __________ Euro im Kalenderjahr ist.

1.1.3 Ordnungsmäßigkeit der Buchführung

Beschreiben Sie mit eigenen Worten:

1. was beinhaltet die **Ordnungsmäßigkeit** der Buchführung?
2. Bilden Sie Beispiele für **formelle Mängel** in der Buchführung.
3. Bilden Sie Beispiele für **sachliche Mängel** in der Buchführung
4. Erklären Sie den Begriff **originäre** Aufzeichnungspflicht
5. Erklären Sie den Begriff **abgeleitete** Aufzeichnungspflicht
6. Nennen Sie die **Aufbewahrungspflichten** nach Handels- und Steuerrecht

In dem in der gleichen Reihe erschienenen Buch "Prüfungstraining Steuerlehre" finden Sie in Kapitel 3 Abgabenordnung weitere Übungsaufgaben zu diesem Thema.

1.1.4 Inventur - Inventar

Wie Sie sich erinnern, ist jeder Kaufmann sowohl nach Handels- als auch nach Steuerrecht verpflichtet, das Vermögen und die Schulden seines Unternehmens festzustellen.

Nennen Sie die drei Zeitpunkte, an denen der Kaufmann jeweils sein Vermögen und seine Schulden ermitteln muss.

1. ______________________
2. ______________________
3. ______________________

Durch die Inventur werden die Vermögensgegenstände und Schuldenwerte ermittelt.

Welche vier Inventurarten kennen Sie?

1. ____________________ 2. ____________________

3. ____________________ 4. ____________________

Die bei der Inventur festgestellten Vermögensgegenstände und Schulden werden in einem Verzeichnis zusammengestellt, dem Inventar.
Berechnen Sie die fehlenden Werte:

	1.	2.	3.
Anlagevermögen	680.000	?	565.000
Umlaufvermögen	?	450.000	?
Gesamtvermögen	?	1.330.000	?
Reinvermögen	?	1.050.000	770.000
Fremdkapital	145.000	?	?
Gesamtkapital	970.000	?	1.020.000

1.1.5 Kapital-Puzzle

Setzen Sie die folgenden Wortbausteine so zusammen, dass hieraus zwei sinnvolle Aussagen entstehen. Sie können die Bausteine auch vergrößert kopieren und als Puzzle benutzen.

Anlagevermögen	= Gesamtkapital
+ Umlaufvermögen	= Eigenkapital
- Fremdkapital	Eigenkapital
= Gesamtvermögen	+ Fremdkapital

Puzzles eignen sich hervorragend, um Zusammenhänge einzuprägen. Besonders gut wird der Stoff verankert, wenn Sie die Übung mehrmals hintereinander durchführen und die fertige richtige Lösung dann eine Weile in Ruhe betrachten.

Lesen Sie sich die richtige Lösung langsam laut vor. Auch das steigert die Merkfähigkeit.

1.1.6 Grundwissen Bilanz

Nach der Aufstellung der Bilanz ändern sich die Bestände durch Geschäftsvorfälle.

a. Nennen Sie die vier möglichen Bestandsveränderungen.

1. ____________________
2. ____________________
3. ____________________
4. ____________________

b. Bestimmen Sie bei den folgenden Geschäftsfällen um welche Art der Bestandsveränderung es sich handelt.

1. Kauf eines Fahrzeug gegen Bankscheck
2. Verkauf einer Maschine bar
3. Ablösung einer langfristigen Bankverbindlichkeit gegen Banküberweisung vom betrieblichen Girokonto.
4. Verbindlichkeiten werden bezahlt gegen Gewährung einer langfristigen Bankverbindlichkeit
5. Maschinen werden gekauft gegen Gewährung einer langfristigen Bankverbindlichkeit
6. Überweisung vom betrieblichen Bankkonto an das Postgirokonto
7. Die Bank gewährt uns ein langfristiges Darlehn
8. Bankabhebung zur Einlage in die Kasse
9. Eine kurzfristige Bankverbindlichkeit wird in eine langfristige Bankverbindlichkeit umgewandelt
10. Verbindlichkeiten aus L. + L. werden per Banküberweisung ausgeglichen

Bitte überlegen Sie einmal, welchen Einfluss die Geschäftsfälle auf Ihren Gewinn oder Verlust haben. Nehmen Sie hierzu kurz Stellung.

1.1.7 Grundwissen Gewinn- und Verlustrechung

a. **Erklären Sie die Begriffe Aufwand und Ertrag mit Ihren eigenen Worten.**

Aufwand =

Ertrag =

b. **Erläutern Sie auch kurz, welche Auswirkungen ein Aufwand oder Ertrag auf Ihren Gewinn oder Verlust hat.**

1.2 Warenkonten

Die Warenkonten sind sowohl in Prüfungen, als auch in der Praxis von besonderer Bedeutung. In der Regel werden über diese Konten die meisten Geschäftsvorfälle abgewickelt.

1.2.1 Wareneinkauf

Bitte verbuchen Sie folgende Fälle:

a. Die Firma Sonnenschein liefert an einen Kunden in Weilheim 90 Boxen Schrauben auf Ziel.

Pro Box werden 175,00 EUR zuzüglich USt, sowie 5,00 EUR Pfand je Box berechnet. ZP

Der Kunde zahlt kurze Zeit später unter Rückgabe von 70 Boxen Leergut die offene Rechnung.

b. Ihre Mandantin Sonja Schick betreibt einen Import-Exporthandel. Sie kauft Ledergürtel aus Taiwan zum Preis von 1.000,00 EUR auf Ziel. Außerdem fallen 10 % Zoll an, der wie die Einfuhrumsatzsteuer durch Banküberweisung beglichen wird. AP

c. Frau Schick importierte zum Wiederverkauf aus Frankreich mehrere Kisten Champagner zum Gesamtpreis von netto 720,00 EUR. Die Lieferung und die Rechnung gingen am 30. September 2002 ein. Frau Schick zahlte die Rechnung am 4. Oktober 2002 unter Abzug von 2 % Skonto. Buchen Sie per 30. September und per 04. Oktober 2002. AP

d. Peter Freudig liefert Wintermäntel auf Ziel an einen Einzelhändler in Polen, Nettowarenwert 4.000,00 EUR. AP

1.2.2 Bestandsminderung – Wareneinsatz – Bestandsmehrung

Uli N. hat in den beiden letzten Stunden des Berufschulunterrichts nicht so richtig aufgepasst. Seine Gedanken kreisten um den in einer Woche beginnenden Urlaub. Nun weiß er nicht so recht, wie er seine Hausaufgaben lösen soll. Können Sie ihm helfen?

Bilden Sie den Buchungssatz zur Bestandsveränderung und erklären Sie mit eigenen Worten, wie Sie den Wareneinsatz ermitteln.

a. Hans Windig handelt mit exotischem Schmuck. Seinen Gewinn ermittelt er nach § 5 EStG. Sein Warenanfangsbestand betrug am 01.01.2002 30.000,00 EUR. Durch Inventur am 31.12.2002 ermittelt er einen Warenbestand von 27.000,00 EUR.

b. Franz Frohgemut handelt mit Teddybären. Auch er ermittelt seinen Gewinn gem. § 5 EStG. Sein Warenbestand am 01.01.2002 betrug 10.000,00 EUR. Er ermittelt durch seine am 31.12.2002 durchgeführte Inventur einen Warenbestand von 12.000,00 EUR.

Nun, konnten Sie Uli N. helfen und die Aufgaben mühelos lösen?

1.2.3 Warennebenkosten und Rücksendungen

a. Karoline Kramer ist Einzelhändlerin in Bonn. Sie kauft einen größeren Posten Schuhe von ihrem Lieferanten in Berlin. Rechnungseingang 03.05.2002, Warennettobetrag 20.000,00 EUR. Die Transportkosten werden gesondert mit 500,00 EUR netto in Rechnung gestellt. Karoline stellt fest, dass ein Teil der Schuhe Mängel aufweist und nicht verkäuflich ist.

   Sie sendet die mangelhafte Ware zurück und erhält von ihrem Lieferer eine Gutschrift in Höhe von 3.000,00 EUR netto. Gutschriftseingang: 15.05.2002. Karoline zahlt die Rechnung per Bank unter Abzug von 3 % Skonto am 25.05.2002.

Bitte buchen Sie am 03.05.20002, am 15.05.2002 und am 25.05.2002.

b. Bruno Bauer führt in Bochum eine Gastwirtschaft. Die Brauerei liefert ihm 15 Fässer Bier.

Die Eingangrechnung lautet: Warenwert netto 750,00 EUR zuzüglich Transportkosten 150,00 EUR sowie Verpackungskosten in Höhe von 225,00 EUR netto. Die USt ist gesondert in Rechnung gestellt, Rechnungsdatum ist der 28.09.2002.
Bruno gleicht die Rechnung per Banküberweisung am 15.10.2002 unter Rückgabe von 10 Fässern aus.

Bitte buchen Sie am 28.09.2002 und am 15.10.2002.

1.2.4 Warenebenkosten und Vertriebskosten

a. Katja Illinger importiert aus Ungarn "ungarische Spezialitäten" von ihrem Lieferer. Sie erhält folgende Rechnung: Nettowarenwert 3.000,00 EUR, 150,00 EUR Zoll und bezahlte Einfuhrumsatzsteuer 504,00 EUR.

Bitte buchen Sie den Rechnungseingang.

b. Rudi Rummig handelt mit Handtaschen. Auf Grund einer Bestellung seines Kunden Klaus Kober, Einzelhändler, liefert Rudi an Klaus Handtaschen im Wert von netto 5.000,00 EUR. Vereinbart ist, dass Rudi frei Haus liefert. Der Spediteur berechnet 300,00 EUR plus USt.

Bitte buchen Sie den Vorgang sowohl aus Sicht von Rudi als auch von Klaus.

c. Elke Sommer ist Inhaberin eines Kosmetiksalons. Sie ist Kleinunternehmerin im Sinne des § 19 UStG. Um ihren Kundenstamm zu erweitern, zahlt sie für die Vermittlung jedes Neukunden eine Provision von 50,00 EUR.

Eine Kundin erhielt im Dezember 2002 für ihre Neukundenvermittlung eine Provision von 300,00 EUR.

Bitte buchen Sie den Vorgang.

d. Georg Wamser stellt Bonbons her. Er liefert vereinbarungsgemäß an den Einzelhändler Süß ab Fabrik Bonbons im Wert von 1.500,00 EUR. An Frachtkosten berechnet Georg an Süß 80,00 EUR netto.

Bitte buchen Sie den Vorgang aus Sicht von Wamser und aus Sicht von Süß.

e. Gitta Rabe ist selbständige Kosmetikerin. Sie bezieht ihre Waren von der Firma Schön. Am Jahresende erhält sie eine Bonusgutschrift von der Firma Schön 5 % des Wareneinkaufs plus USt.

Während des Jahres kaufte Rita Waren im Wert von 30.000,00 EUR bei der Firma Schön.

Bitte buchen Sie den Vorgang.

f. Die Firma Schön bezieht ihre Waren von der Firma Frisch. Sie erhält am Jahresende ebenfalls eine Bonusgutschrift von der Firma Frisch in Höhe von 2.500,00 EUR netto.

Bitte buchen Sie die Bonusgutschrift bei der Firma Schön und bei der Firma Frisch.

g. Erika Ehrlich kauft seit Jahrzehnten ihre Waren bei der Firma Wunderlich. Auf Grund der langen Geschäftsbeziehungen erhält Erika 10 % Rabatt auf ihren Wareneinkauf.

Am 16.04.2002 liefert die Firma Wunderlich an Erika einen Warenposten im Wert von 25.000,00 EUR netto.

Bitte buchen Sie den Einkauf unter Berücksichtigung des vereinbarten Rabattes.

h. Die Firma Wunderlich kauft ihre Waren bei der Firma Frohgemut. Beide Firmen stehen seit Jahren in enger Geschäftsbeziehung. Die Firma Frohgemut räumt der Firma Wunderlich einen Rabatt von 8 % ein.

Am 18.09.2002 liefert die Firma Frohgemut an die Firma Wunderlich Waren im Wert von 34.000,00 EUR netto.

Bitte buchen Sie den Einkauf unter Berücksichtigung des eingeräumten Rabattes bei der Firma Frohgemut und bei der Firma Wunderlich.

1.3 Anzahlungen

An dieser Stelle kommen Ihnen Ihre Kenntnisse aus dem Fach Umsatzsteuer zu Gute. Das ist ja das Spannende an diesem Beruf, dass alle Fächer ineinander greifen. Sie können so immer wieder auch Ihren Wissensstand aus den anderen Fachgebieten überprüfen.

1.3.1 Geleistete Anzahlungen

Rudolf Ehrlich leistet am 03.05.2002 für die Bestellung einer größeren Warenlieferung eine Anzahlung an seinen Lieferer Paul Paulsen, von 10.000,00 EUR plus USt. Herr Ehrlich erhält eine Anzahlungsrechnung mit USt-Ausweis.

Am 06.07.2002 liefert Herr Paulsen die Waren und übergibt die Endrechnung an Rudolf Ehrlich. Gesamtwarenwert 25.000,00 EUR plus USt. Am 18.07.2002 gleicht Herr Ehrlich die Rechnung durch Banküberweisung unter Abzug von 3 % Skonto aus.

Bitte erstellen Sie die Schlussrechnung und buchen Sie am 03.05. / 06.07. / 18.07.2002.

Welcher Grundsatz wird durch § 15 Abs. 1 Nr. 1 Satz 2 UStG durchbrochen?

1.3.2 Erhaltene Anzahlungen

Rudolf Ehrlich erhält von seinem Kunden Herbert Wichtig am 14.08.2002 eine Anzahlung für eine größere Warenlieferung in Höhe von 40.000,00 EUR plus USt.

Herr Ehrlich liefert am 26.09.2002 die Waren an Wichtig und übergibt die Schlussrechnung über 80.000,00 EUR plus USt. Herr Wichtig bezahlt die Rechnung am 09.10.2002 unter Abzug von 2 % Skonto.

Bitte erstellen Sie die Schlussrechnung und buchen Sie am 14.08. / 26.09. / 09.10.2002

Warum werden erhaltene Anzahlungen nicht als Ertrag gebucht?

1.4 Anschaffung und Abnutzung von WG

1.4.1 Anschaffungskosten und Abschreibung

Um ein Unternehmen erfolgreich zu führen, ist es erforderlich, dass von Zeit zu Zeit investiert wird. Sei es, dass sich die Wirtschaftsgüter verbraucht haben oder eine Anpassung auf den neusten Stand der Technik von Nöten ist.

Hermann Hartwig ist Schreinermeister und führt selbständig eine Schreinerei. Am 04.10.2002 bestellt er bei der Maschinenfabrik Strohfeuer in Hamburg eine neue Fräsmaschine. Am 18.10.2002 wird die Maschine geliefert. Nettopreis 65.000,00 EUR. Der Spediteur stellt 290,00 EUR brutto in Rechnung.

Um die Maschine in einen betriebsbereiten Zustand zu bringen, muss noch ein Sockel gemauert werden.

Der Maurer berechnet hierfür 350,00 EUR netto am 20.10.2002. Am 31.10.2002 überweist Hermann den Rechnungsbetrag an die Firma Strohfeuer. Die Spediteurrechnung und die Maurerrechnung werden gleich bar bezahlt. Die Fräsmaschine hat eine Nutzungsdauer von 8 Jahren.

Bitte buchen Sie den gesamten Kauf der Fräsmaschine im Oktober 2002

Bitte buchen Sie die höchstmögliche Afa am 31.12.2002 und erläutern Sie kurz Ihre Entscheidung.

Denken Sie bei der Lösung dieser Aufgabe an die Rechtsänderung zum 31.12.2000.

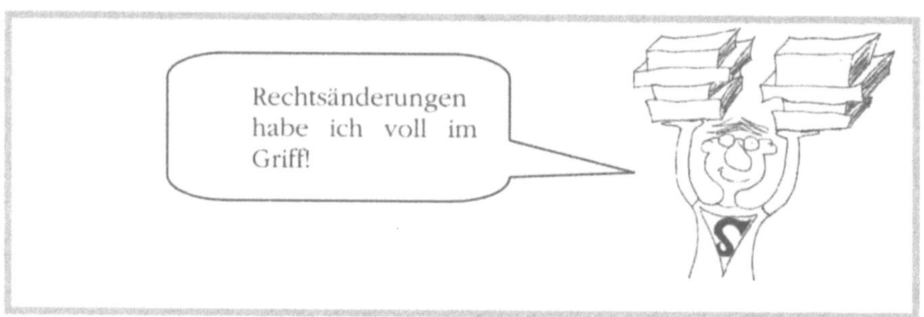

1.4.2 Abschreibung und Verkauf eines WG

Georg Gierig führt als selbständiger Kfz-Meister eine Kfz-Reparaturwerkstatt. Im Februar 1999 schaffte er eine Hebebühne für seine Werkstatt an. Gesamtnettopreis: 80.000,00 EUR. (umgerechnet von DM)

Die Maschine hat eine Nutzungsdauer von 6 Jahren und wurde degressiv abgeschrieben.

Am 31.08.2002 verkauft er diese Maschine an seinen Kollegen, ebenfalls selbständiger Kfz-Meister, für 30.000,00 EUR netto.

Bitte ermitteln Sie den Restbuchwert.

Buchen Sie die Maschine aus dem Anlagevermögen aus.

Bitte buchen Sie den Verkauf der Maschine

Bei der Lösung dieser Aufgabe ist es wichtig, dass Sie auch noch die alte Rechtlage beherrschen. Wie Sie hier sehen, müssen Sie sowohl in der Prüfung, als auch in der Praxis mit allen Rechtslagen vertraut sein.

1.4.3 Sonderabschreibung gem. § 7g EStG

a. Peter Fahnder ist Steuerberater und führt seine Kanzlei in München. Er ermittelt seinen Gewinn zulässigerweise nach § 4 Abs. 3 EStG. Bei seinem Abschluss für das Jahr 2001 bezieht er die Überlegung mit ein, dass er im Jahre 2002 eine gesamte neue Büroeinrichtung für die Kanzlei anschaffen will.

Der ihm vorliegende Kostenvoranschlag beläuft sich auf insgesamt netto 40.000,00 EUR.
Am 16.08.2002 wird die Büroeinrichtung geliefert. Der Rechnungsbetrag lautet insgesamt netto 45.000,00 EUR.

Die Büroeinrichtung hat eine Nutzungsdauer von 15 Jahren.

Bitte

- **buchen Sie am 31.12.2001.**
- **buchen Sie die Anschaffung der Büroeinrichtung.**
- **buchen Sie die höchstmögliche Abschreibung am 31.12.2002.**
- **bilden Sie die außerdem noch erforderlichen Buchungssätze.**

b. Helmut Schlaumi ist selbständiger Buchhändler. Helmut buchte am 31.12.2000 zulässigerweise eine Rückstellung gem. § 7g EStG in Höhe von 15.000,00 EUR. Er plante die Anschaffung einer Computeranlage.

   Bis zum Ende des Jahres 2002 hat Helmut jedoch keine Anschaffung getätigt.

Bitte

- **buchen Sie per 31.12.2000.**
- **buchen Sie per 31.12.2002.**
- **Was ist außerdem noch zu beachten?**

1.4.4 Vom Buchungssatz zur Aufgabenstellung

Hier finden Sie zur Abwechslung eine andere Art der Aufgabenstellung.

Bitte bilden Sie anhand von nachfolgenden Buchungssätzen die Geschäftsvorfälle.

	Soll	Betrag		Haben	Betrag
a.	0320 (0520)	30.000,00			
	1575 (1405)	4.800,00	an	1600 (3300)	34.800,00
b.	4830 (6220)	1.000,00	an	0320 (0520)	1.000,00
c.	2315 (4855)	2.500,00	an	0320 (0520)	2.500,00
d.	1600 (3300)	5.800,00	an	8829 (4849)	5.000,00
			an	1775 (3805)	800,00
e.	1600 (3300)	29.000;00	an	1200 (1800)	29.000,00
f.	0320 (0520)	43.200,00			
	1575 (1405)	3.200,00	an	1600 (3300)	46.400,00
g.	4540 (6540)	3.240,00			
	1575 (1405)	240,00	an	1000 (1600)	3.480,00
h.	4830 (6220)	8.640,00	an	0320 (0520)	8.640,00

1.4.5 Anschaffung und Abschreibung eines Laserdruckers

Nehmen Sie die erforderlichen Buchungen vor.

Im August 2002 erhält ein Schraubengroßhändler die Rechnung für einen Anfang August installierten Laserdrucker über 1.740,00 EUR brutto. ZP

Am 2. September 2002 wird der Rechnungsbetrag unter Abzug von 3 % Skonto vom Bankkonto überwiesen.

Der Drucker wird auf die Nutzungsdauer von 5 Jahren abgeschrieben.

Berechnen und buchen Sie unter diesen Voraussetzungen die höchstmögliche Abschreibung. (Keine Sonderabschreibung lt. § 7 g EStG!)

1.4.6 Fahrzeugkauf mit Inzahlungnahme

Nehmen Sie alle notwendigen Buchungen bis zum 31.12. einschließlich der Abschreibung vor.

Unternehmer Franz Gerber gab am 10. November 2002 sein altes Fahrzeug in Zahlung und kaufte für betriebliche Zwecke einen Transporter. Er erhielt vom Autohaus folgende Rechnung: AP

Transporter	25.000,00 €
+ Sonderzubehör	1.000,00 €
	26.000,00 €
- 5 % Treuerabatt	1.300,00 €
	24.952,00 €
+ 16 % USt	3.952,00 €
	28.652,00 €

Das Autohaus übernahm das gebrauchte Fahrzeug zum Preis von 4.100,00 EUR netto. Es wurde seit 2000 linear abgeschrieben. Der Buchwert zum 31.12.2001 betrug 4.300,00 EUR (Restnutzungsdauer 2 Jahre).

Der Restbetrag wurde vom Bankkonto bezahlt.
Weitere Kosten: Zulassungsgebühr bar 20,00 EUR.
Nutzungsdauer des Transporters: 5 Jahre.

1.4.7 Richtig oder falsch gebucht?

Petra Geizig ist selbständige Großmarkthändlerin. Sie erstellt ihre Buchführung selber. Den Abschluss fertigt Uli N.`s Chef an. Uli hat nun die Aufgabe, die Buchführung zu kontrollieren. Dabei sind ihm die folgenden Buchungen besonders aufgefallen.

Helfen Sie Uli und entscheiden Sie bei jeder Buchung ob sie richtig oder falsch ist. Sollte Petra falsch gebucht haben, so notieren Sie bitte die richtige Buchung. Nutzen Sie die Tabelle am Ende der Aufgabenstellung.

a. Anschaffung eines Lieferwagens am 15.10.2002 für netto 70.000,00 Euro per Bankscheck.

   Buchung:

   0320 (0520) 70.000,00
   1575 (1405) 11.200,00 an 1200 (1800) 81.200,00

b. Kfz-Kennzeichen 25,00 EUR netto / Zulassungsgebühr 15,00 EUR wurden gleich bar bezahlt.

   Buchung:

   4530 (6530) 40,00 an 1000 (1600) 40,00

c. Afa am 31.12.2002 - Nutzungsdauer des LKW gleich 7 Jahre

   Buchung:

   4830 (6220) 10.000,00 an 0320 (0520) 10.000,00

d. Verkauf des alten Lieferwagens an einen Gemüsehändler am 30.10.2002 für 8.000,00 EUR netto.

Buchwert am 01.01.2002: 20.000.00 EUR. Die jährliche Abschreibung beläuft sich auf 10.000,00 EUR.

Der Gemüsehändler übergab Petra Geizig einen Verrechnungsscheck in Höhe des Kaufpreises.

Buchung:

1200 (1800)	9.280,00	an	8801 (4849)	8.000,00
		an	1775 (3805)	1.280,00
4830 (6220)	8.333,30	an	0320 (0520)	8.333,30
2310 (6895)	11.666,70	an	0320 (0520)	11.666,70

e. Kauf einer Telefonanlage für das Büro am 14.03.2002 für 5.000,00 EUR netto per Bankscheck.

Installation der Anlage am 15.03.2002 für 232,00 EUR brutto bar bezahlt.

Buchung:

0420 (0650)	5.000,00			
1575 (1405)	800,00	an	1200 (1800)	5.800,00

Nr.	richtig	falsch	Berichtigung
a			
b			
c			
d			
e			

1.4.8 Grundstückskauf mit Finanzierung

Bitte nehmen Sie alle erforderlichen Buchungen vor.

Ina von Höhenflug ist Inhaberin eines Damenoberbekleidungsgeschäft der gehobenen Art. Am 02.03.2002 erwirbt Ina ein Geschäftsgebäude: Anschaffungskosten 500.000,00 EUR. Auf den Grund und Boden entfallen 25 % der Kaufsumme. Sie übergibt dem Verkäufer einen Verrechnungsscheck in Höhe der Kaufsumme.

Für die Eintragung in das Grundbuch berechnet der Notar 1.000,00 netto. Die Rechnung wird ebenfalls per Verrechnungsscheck ausgeglichen.

Die Grunderwerbsteuer in Höhe von 3,5 % wurde am 20.03.2002 fällig und per Bankscheck bezahlt.

Trotz einer Erbschaft von Tante Erna muss Ina noch ein Darlehen zur Finanzierung aufnehmen.

Die Bank überweist Ina am 01.03.2002 auf ihr Bankkonto 98.000,00 EUR. Die Bank behielt ein Disagio in Höhe von 2 % der Darlehnssumme ein. Das Darlehen hat eine Laufzeit von 10 Jahren und wird mit 5,5 % verzinst. Die Bank zieht jeweils am 31.12. eines Jahres die Zinsen ein. Zur Absicherung des Darlehens wurde eine Grundschuld in das Grundbuch eingetragen. Hierfür berechnet der Notar 300,00 EUR netto. Ina gleicht diese Rechnung am 15.03.2002 per Banküberweisung aus.

Eine systematische Vorgehensweise erleichtert Ihnen die Aufgabenlösung. Denken Sie bitte auch an die AfA, sowie an die Abschlussbuchungen im Zusammenhang mit dem Darlehen per 31.12.2002.

1.5 Privatentnahmen - Privateinlagen

Bei den Buchungen im Bereich Privatentnahmen ist es von Vorteil, wenn Sie auch im Fach Umsatzsteuer fest im Sattel sitzen. Im Umsatzsteuergesetz wird der Begriff „unentgeltliche Leistungen" verwendet, hingegen definiert das Einkommensteuergesetz „Entnahmen und Einlagen".

1.5.1 Grundsätzliches

Warum müssen Privatentnahmen und Privateinlagen gesondert gebucht werden?

Erläutern Sie bitte mit eigenen Worten die jeweilige Auswirkung.

1.5.2 Übungen Privatentnahmen/Privateinlagen

a. Theo Hunger hat einen Obst und Gemüseladen. Selbstverständlich entnimmt Theo für den heimischen Herd sein Obst und Gemüse aus seinem Laden. Seine Ehefrau Helga und seine 8-jährige Tochter Ingrid wissen die gute Qualität der Ware zu schätzen.

Bitte ermitteln Sie die Werte und buchen Sie zum 31.12.2002.

b. Kurt Bender ist Bäckermeister und verkauft selber hergestellte Backwaren in seiner Bäckerei. Seine Ehefrau Brunhilde arbeitet in der Bäckerei als Verkäuferin. Sein 15-jähriger Sohn Bernd ist als Auszubildender in der Backstube tätig.

Bitte ermitteln Sie die Werte und buchen Sie zum 31.12.2002.

c. Boris Emsig ist Inhaber eines Sportartikelgeschäft. Im Mai 2002 erwirbt er einen größeren Posten Tennisschläger und Tennisschuhe. Ihm wurde für einen Tennisschläger 85,00 EUR und für ein Paar Tennisschuhe 75,00 EUR netto in Rechnung gestellt. Im August schenkt Boris seiner Freundin zum Geburtstag je einen Tennisschläger und ein paar Tennisschuhe. Sein Lieferer würde im August für einen Tennisschläger 90,00 EUR und für ein Paar Tennisschuhe 80,00 EUR berechnen.

Beurteilen Sie den Vorgang und buchen Sie entsprechend.

d. Elke Enders führt seit Jahren erfolgreich ein Fahrradgeschäft in Bremen. Zum 10 jährigen Hochzeitstag schenkt sie ihrem Mann ein Fahrrad, das sie aus ihrem Warenbestand entnimmt. Elke kaufte das Fahrrad im Februar für brutto 928,00 EUR. Im April zum Zeitpunkt der Entnahme würde das Fahrrad 850,00 EUR netto kosten.

Bitte buchen Sie den Vorgang.

e. Michael Appel eröffnete im Juni 2000 ein Geschäft für Computer und Zubehör. Aus der Lieferung vom Mai 2002 entnimmt Michael im Dezember einen Computer als Weihnachtsgeschenk für seine Frau. Die Anschaffungskosten im Mai beliefen sich pro Computer auf 700,00 EUR netto. Im Dezember beträgt der Wiederbeschaffungspreis 650,00 EUR.

Bitte beurteilen Sie den Vorgang und buchen Sie die Entnahme.

f. Rita Burger führt ein Haushaltswarengeschäft in der Innenstadt von Regensburg. In ihrer Mittagspause entdeckt sie im Damenoberbekleidungsgeschäft gegenüber ihr „Traumkostüm“. Sie entnimmt ihrer Geschäftskasse 850,00 EUR und kauft sich das Kostüm.

Bitte buchen Sie den Vorgang.

g. Willi Billig ist Einzelhändler. Er betreibt seit 1975 einen Uhren und Schmuckladen in Bonn. Willi schenkt seiner Mutter zum 70 Geburtstag eine Uhr, die er aus seinem Warenbestand entnimmt. Der Einkaufspreis hat 250,00 EUR netto betragen. Der Wiederbeschaffungspreis im Zeitpunkt der Entnahme beträgt 280,00 EUR.

Bitte buchen Sie die Entnahme.

h. Berta Hummel, Inhaberin eines Haushaltswarenfachgeschäftes, überweist am 15.03.2002 an ihre Enkeltochter 200,00 EUR, damit sie sich ihren lang ersehnten Wunsch erfüllen kann. Die Abbuchung erfolgt vom Geschäftskonto.

Bitte buchen Sie die Banküberweisung.

1.5.3 Nutzungsentnahme – vier Fälle

Bei den Aufgaben zur Nutzungsentnahme wurde bewusst das gleiche Zahlenmaterial verwendet. Wenn Sie alle vier Aufgaben hierzu gelöst haben, ergibt sich für Sie ein guter Überblick über den Rechtsstand bis 31.03.1999 und den neuen Rechtsstand ab 01.04.1999.

Auch wenn wir bereits das Jahr 2003 schreiben: den alten Rechtsstand müssen Sie noch für die Praxis beherrschen.

Fred Hamster ist Steuerberater in Hannover. Seinen Geschäftswagen nutzt Fred auch für private Fahrten. Von der Wohnung zur Kanzlei fährt Fred ebenfalls mit dem Geschäftswagen. (Einfache Entfernung 19,4 Km an 210 Tagen im Jahr).

Bilden Sie für alle nachfolgenden Geschäftsfälle die Buchungssätze im entsprechenden Zeitpunkt. Nehmen Sie auch Stellung zur höchstmöglichen Afa ohne § 7 g EStG

a. Kauf des Kfz am 01.03.1999 zum Bruttopreis von 58.000,00 EUR, ND des Kfz 5 Jahre.

   Kosten entstanden im Jahr 2002 in folgender Höhe:
   - Benzin brutto 17.400,00 EUR
   - Versicherungen 1.300,00 EUR
   - Steuern 700,00 EUR

   Der Bruttolistenpreis im Zeitpunkt der Erstzulassung am 01.03.1999 betrug 65.000,00 EUR.

   Fred führt kein Fahrtenbuch.

b. Der Unternehmer Kai Paulsen legt Ihnen Unterlagen mit den selben Zahlen wie Fred Hamster vor.

   Kai führt ein Fahrtenbuch.

   Gesamtfahrleistung im Jahr 2002:60.000 Km, Privatanteil:8.000 Km

   Der Geschäftswagen wird linear abgeschrieben.

Bitte bilden Sie auch hier für alle Vorgänge die Buchungssätze im entsprechenden Zeitpunkt.

c. Hermann Hurtig ist selbständiger Schreinermeister in München. Seinen Geschäftswagen nutzt Hermann auch für seine privaten Fahrten. Von der Wohnung zur Werkstatt fährt er ebenfalls mit dem Geschäftswagen.

   Einfache Entfernung: 19,4 Km an 210 Tagen im Jahr.

Bilden Sie für alle nachfolgenden Geschäftsfälle die Buchungssätze im entsprechenden Zeitpunkt.

Nehmen Sie auch Stellung zur höchstmöglichen Afa ohne § 7 g EStG.

Kauf des Kfz am 01.05.2001 zum Bruttopreis von 58.000,00 EUR, ND des Kfz 5 Jahre

Kosten entstanden im Jahr 2002 in folgender Höhe:

- Benzin brutto 17.400,00
- Versicherungen 1.300,00
- Steuern 700,00

Der Bruttolistenpreis im Zeitpunkt der Erstzulassung am 01.05.2001 betrug 65.000,00 EUR.

Hermann führt kein Fahrtenbuch.

d. Einzelunternehmer Bernd Wengler legt Ihnen Unterlagen mit den gleichen Zahlen vor wie Hermann Hurtig.

   Wegler führt ein Fahrtenbuch.

   Gesamtfahrleistung im Jahr 2002: 60.000 Km, Privatanteil: 8.000 Km

Bitte bilden Sie auch hier für alle Vorgänge die Buchungssätze im entsprechen Zeitpunkt.

1.5.4 Weitere Übungen zu Privatentnahmen und -einlagen

Bitte buchen Sie die Vorgänge.

a. Der Schreinermeister Hermann Hurtig fertigt für seine Frau die lang ersehnte Blumenbank. An Material verbraucht er Holz im Wert von 150,00 EUR netto. Sein Lehrling Florian hilft tatkräftig mit. Die anteiligen Lohnkosten für Florian belaufen sich auf insgesamt 350,00 EUR.

b. Malermeister Kurt Klechsel lässt von seinem Gesellen seine private Wohnung während der Arbeitszeit streichen. Farbe und Lacke entnahm der Geselle dem Lager. Nettowarenwert: 120,00 EUR. Seine dafür erbrachte Lohnleistung ist mit 500,00 EUR anzusetzen.

c. Frieda Flink ist Schneidermeisterin und führt selbständig eine Schneiderei. In ihrem Lager hat Frida eine große Auswahl an Stoffen. Ihre Tochter sieht ihrem 18 Geburtstag entgegen. Sie beauftragt ihre Gesellin mit der Herstellung von zwei Kleidern, je eines für die Tochter und die Mutter.

   Aus dem Lager werden Stoffe im Wert von 350,00 EUR netto entnommen. Die gesamten darauf entfallenden Lohnkosten der Gesellin belaufen sich auf 450,00 EUR.

d. Die selbständige Rechtsanwältin Christel Cramer lässt täglich ihren Sohn durch ihren Auszubildenden vom Kindergarten abholen. Die hierauf entfallenen Lohnkosten betragen pro Monat 150,00 EUR. Im Juli und im August bleibt der Kindergarten geschlossen.

Bitte buchen Sie für das Jahr 2002 in einer Summe.

1.5.5 Definition „Teilwert"

Sie wissen ja, dass es beim Lernen in erster Line um das Verstehen von Zusammenhängen geht. Trotzdem hat es sich als nützlich erwiesen, einige wenige Gesetzestexte auswendig zu lernen. Denken Sie beispielsweise nur an den § 4 Abs. 1 EStG. So können Sie die Zeit während der Prüfung sinnvoll mit dem Lösen von Aufgaben verbringen, statt einfache Dinge im Gesetz nachschlagen zu müssen.

Ergänzen Sie:

Teilwert ist der_________, den ein __________ des ganzen ______________ im Rahmen des ________________ für das einzelne ____________ ansetzen würde; dabei ist davon auszugehen, dass der ___________ den ____________ fortführt.

§ 6 Abs. 1 Nr 1 Satz 2 EStG

1.5.6 Verschiedene Übungen Thema Privateinlagen

Uli war mal wieder mit seinen Gedanken überall, nur nicht im Berufschulunterricht. Seit die neuen Nachbarn mit der hübschen Tochter ins Haus gezogen sind, lässt bei Uli die Konzentration zu wünschen übrig.

Helfen Sie Uli, die nachfolgenden Fälle zu lösen und die Buchungssätze zu bilden.

a. Die Unternehmerin Maike Enders erwarb am 24.06.1997 ein unbebautes Grundstück für 20.000,00 EUR. Am 14.05.2002 legt Frau Enders dieses Grundstück in ihr Betriebsvermögen ein. Sie beabsichtigt, dort eine Reparaturwerkstatt zu errichten. Der Teilwert am 14.05.2002 beträgt 25.000,00 EUR.

b. Einzelhändler Willi Billig bekommt von seiner Mutter 5.000,00 EUR geschenkt, damit er sich seinen Traum von einer Kreuzfahrt unter Palmen erfüllen kann. Die Mutter überweist das Geld auf das Geschäftskonto von Willi.

c. Die selbständige Friseurmeisterin Frieda Flink erwarb am 01.05.2000 einen PKW für 20.000,00 EUR brutto für ihren privaten Gebrauch.

   Am 30.04.2002 überführt Frieda diesen PKW aus dem Privatvermögen in das Betriebsvermögen. Der PKW hat eine Nutzungsdauer von 5 Jahren. Der Teilwert im Zeitpunkt der Einlage beträgt 13.500,00 EUR.

d. Die selbständige Rechtsanwältin Christel Cramer erbt von ihrer Tante Luise 30.000,00 EUR. Christel zahlt 15.000,00 EUR auf ihr Geschäftskonto ein.

e. Malermeister Kurt Klechsel legt den bisher privat gefahrenen PKW am 07.02.20002 in sein Betriebsvermögen ein.

   Den PKW hatte Kurt am 06.02.1997 für 58.000,00 EUR gekauft. Der PKW hat eine Nutzungsdauer von 5 Jahren. Der Teilwert am 07.02.2002 beträgt 2.500,00 EUR.

1.5.7 Lernpuzzle Privatentnahmen

Sie kennen das ja schon: vergrößert kopieren, ausschneiden und zu einem sinnvollen Bild gestalten. Viel Spaß beim puzzeln.

Private Nutzung betrieblicher Gegenstände	Leistungsentnahme
Unentgeltliche Leistungen	**§ 4 Abs. 1 Satz 2 EStG**
§ 1 Abs. 1 Nr. 1 i.V.m. § 3 Abs. 1b Satz 1 Nr. 1 UStG	Geldentnahme
Andere unentgeltliche sonstige Leistungen	**Übersicht Entnahmearten**
§ 3 Abs. 1b Satz 1 Nr. 1 und **§ 3 Abs. 9a Satz 1 Nr. 1 und 2 UStG**	Sachentnahme
§ 1 Abs. 1 Nr. 1 i.V.m. § 3 Abs. 9a Satz 1 Nr. 1 UStG	Nutzungsentnahme
§ 1 Abs.1 Nr. 1 i.V.m. § 3 Abs. 9a Satz 1 Nr. 2 UStG	Entnahme von Gegenständen

1.6 Personalkosten

1.6.1 Grundwissen gesetzliche Abzüge

Sie haben gerade mit Ihrem Chef ein ansehnliches Gehalt von 3.500 EUR ausgehandelt. Fröhlich arbeiten Sie den Monat voller Elan. Am 30. gehen Sie zu Ihrer Bank und stellen fest: es ist ja fast nur die Hälfte auf Ihrem Bankkonto angekommen.

Was ist passiert? Richtig, es wurden die gesetzlich vorgeschriebenen Abzüge einbehalten.

Ergänzen Sie bitte:

a. Die gesetzlichen Abzüge setzen sich zusammen aus:

1.____
2.____
3.____
4.____

b. Die Sozialversicherungsbeiträge setzen sich zusammen aus:

1.____
2.____
3.____
4.____
5.____

c. Wer trägt die Sozialversicherungsbeiträge aus b ?

1.____
2.____
3.____
4.____
5.____

1.6.2 Grundwissen Lohnsteuerabzug / Steuerklassen

a. Ergänzen Sie bitte:

Die Lohnsteuer wird im ____________________ und die Einkommensteuer im ____________________ erhoben.

Die Lohnsteuer ist also keine extra Steuerart, sondern eine andere ______________ der Einkommensteuer.

Die Einkommensteuer berücksichtig die __________ Verhältnisse des Steuerpflichtigen. Dies wird beim Lohnsteuerabzug durch die Einteilung in verschiedene Steuerklassen erreicht.

b. Nennen Sie bitte die einzelnen Lohnsteuerklassen und erläutern Sie kurz, welcher Steuerpflichtiger in der jeweiligen Lohnsteuerklasse einzuordnen ist.

Weitere Übungen zum Thema Lohnsteuerklassen finden Sie in dem in gleicher Reihe erschienenem Buch Prüfungstraining Steuerlehre im Abschnitt 5.11.

1.6.3 Lohnabrechnungen durchführen

Bitte erstellen Sie für die folgenden Mitarbeiter die Lohnabrechnung und verbuchen diese jeweils zum 30.08.2002. Nehmen Sie dann anschließend die zum 10.09.2002 fälligen Buchungen vor.

Bei allen Lohnabrechnungen gehen Sie bitte von einem KV- Beitragssatz von 14 % aus.

a. Peter Kuhn ist bei der Firma Kasper als Verkäufer angestellt. Sein monatliches Bruttogehalt beträgt 1.500,00 EUR. Zusätzlich spart Peter monatlich 40,00 EUR nach dem 5. VermBG. Sein Arbeitgeber zahlt ihm 20,00 EUR dazu. Peter hat die Lohnsteuerklasse I. Die Lohnsteuer beträgt 155,25 EUR, Solidaritätzuschlag 8,53 EUR und die Kirchensteuer 12,42 EUR.

b. Berni Rußner erlernt bei der Firma Holzwurm das Schreinerhandwerk. Er ist im zweiten Ausbildungsjahr und erhält eine Ausbildungsvergütung von monatlich 300,00 EUR. Auf seiner Lohnsteuerkarte steht die Lohnsteuerklasse I.

c. Ronja Tropfstein arbeitet als Steuerfachangestellte in der Kanzlei Franz Fahnder. Ihr monatliches Bruttogehalt beläuft sich auf 2.300,00 EUR. Ronja spart nach dem 5. VermBG monatlich 40,00 EUR. Ihr Arbeitgeber zahlt ihr monatlich 40,00 EUR dazu. Anlässlich der Geburt ihrer Tochter Svea am 08.08.2002 erhält Ronja eine Sondervergütung von 350,00 EUR. Ronja hat die Lohnsteuerklasse V. Die Lohnsteuer beträgt 742,66 EUR, der Solidaritätszuschlag 40,84 EUR und die Kirchensteuer 59,41 EUR.

d. Fred Flott ist leitender Angestellter bei der Fröhlich GmbH. Er erhält ein monatliches Bruttogehalt von 5.000,00 EUR. Seine private Krankenversicherung, die monatlich von seinem Bankkonto abgebucht wird, beträgt 550,00 EUR. Die Lohnsteuer beträgt 925,33 EUR, der Solidaritätszuschlag 50,89 EUR und die Kirchensteuer 74,02 EUR. Die Beträge errechnen sich auf der Basis der Lohnsteuerklasse III.

e. Paul Seiler arbeitet als Kfz- Mechaniker in der Autowerkstatt Reisig. Sein monatliches Bruttogehalt beträgt 1.750,00 EUR. Paul spart nach dem 5. VermBG monatlich 20,00 EUR. Einen Zuschuss von seinem Arbeitgeber erhält er nicht. Am 20.08.2002 erhält Paul einen Vorschuss auf das August-Gehalt in Höhe von 300,00 EUR.

   Auf der Lohnsteuerkarte von Paul ist die Lohnsteuerklasse IV vermerkt.

   Die Lohnsteuer beträgt 221,00 EUR, der Solidaritätszuschlag 12,15 EUR. Paul gehört keiner Religionsgemeinschaft an.

f. Herbert Fabich ist bei der Bauturm GmbH als Polier tätig. Sein monatliches Bruttogehalt beträgt 3.000,00 EUR. Am 01.08.2002 erhält Herbert von seinem Arbeitgeber ein zinsloses Darlehn für den Bau seines Hauses in Höhe von 30.000,00 EUR. Herbert ist in der Lohnsteuerklasse III eingestuft.

   Die Lohnsteuer beträgt 363,16 EUR, der Solidaritätszuschlag 19,97 EUR und die Kirchensteuer 29,05 EUR

Schauen Sie doch einmal in die EStR 31 Abs. 11.

1.6.4 Personalkosten buchen

Nachdem Sie jetzt so fleißig geübt haben, können Sie sich die Erstellung der Lohnabrechnung sparen. Es reicht, wenn Sie die entsprechenden Buchungssätze bilden.

a. August Anhalt ist selbständiger Bauunternehmer in Augsburg. Er besitzt mehrere Mietwohngrundstücke.

   An seinen Maurermeister hat er eine Wohnung für monatlich 450,00 EUR vermietet. Der Nachbar zahlt für die gleichwertige Wohnung monatlich 550,00 EUR. Das monatliche Bruttogehalt seines Maurermeisters beträgt 3.000,00 EUR. An Lohnsteuer, Solidaritätszuschlag und Kirchensteuer fallen insgesamt 746,91 EUR an.

Überlegen Sie doch bitte, warum bei der folgenden Aufgabe die Angabe des Lohnsteuerabzuges entfällt. Schauen Sie doch in Ihrer Kanzlei einmal in die Lohnsteuertabelle. Bis zu welchem Bruttoarbeitslohn fällt bei den Lohnsteuerklassen I bis IV keine Lohnsteuer an?

Vielleicht wissen Sie ja auch woran dies liegt. Erläutern Sie es bitte kurz.

b. Herr Anhalt überlässt seinem Auszubildenden Ralf Boller ein möbliertes Zimmer mit Heizung in seiner Villa. Ralfs Ausbildungsvergütung beträgt 310,00 EUR. Am 10.08.2002 feierte Ralf mit seinen Freunden den 20. Geburtstag.

Errechnen Sie doch bitte den Betrag, den Herr Anhalt durch das Ausbildungsverhältnis mit Ralf als Betriebsausgaben verbuchen kann.

Wie hoch ist der Auszahlungsbetrag an Ralf, wenn sein Bruttolohn nicht 310,00 EUR betragen würde, sondern nur 165,00 EUR? Wie hoch sind dann die Betriebsausgaben von Herrn Anhalt?

c. Frieda Lieblich arbeitet halbtags bei ihrem Onkel Hugo in seinem Lokal als Serviererin.

Ihr Bruttogehalt beträgt 1.300,00 EUR. Frieda und ihr Onkel verstehen sich sehr gut, so dass sie auch täglich ein Mittagessen und ein Abendessen erhält. Nach dem 5. VermBG spart Frieda monatlich 40,00 EUR. Ihr Onkel zahlt natürlich die 40,00 EUR. Die Lohnsteuer, der Solidaritäszuschlag und die Kirchensteuer in der Lohnsteuerklasse I betragen insgesamt 165,51 EUR.

d. Laura Mirabelli hat die Realschule erfolgreich abgeschlossen. Da sie noch nicht so genau weiß, welchen Beruf sie erlernen möchte, jobt Laura im Hotel Steinberger als "Mädchen für Alles". Laura ist 1985 geboren. Sie erhält im Hotel ein möbliertes Zimmer, sowie Frühstück, Mittag- und Abendessen.

Ihr monatliches Gehalt beträgt 2.000,00 EUR. Laura hat die Lohnsteuerklasse I. Die Lohnsteuer beträgt 400,25 EUR, der Solidaritätszuschlag 22,01 EUR und die Kirchensteuer 32,02 EUR.

1.6.5 Steuerpflichtiger Arbeitslohn: ja oder nein?

Erklären Sie bitte mit Ihren eigenen Worten die Begriffe Freibetrag und Freigrenze.

Freibetrag:

Freigrenze:

Bitte entscheiden Sie in den folgenden Fällen, ob es sich um steuerpflichtigen Arbeitslohn handelt. Wenn ja: in welcher Höhe? Begründen Sie kurz Ihre Antwort.

a. Rita Bayer ist kaufmännische Angestellte beim Einzelhändler Huber. Sie erhält von ihrem Chef zu ihrem Geburtstag einen Blumenstrauß im Wert von 20,00 EUR.

b. Karola Kornfeld betreibt in der Innenstadt von Weilheim ein Damenoberbekleidungsgeschäft. Sie beschäftigt drei Verkäuferinnen. Da Karola sich über ihre zuverlässigen Mitarbeiterinnen freut, fährt sie mit Ihnen im August an einem Donnerstag auf die Zugspitze. Sie genießen den wunderschönen Sommertag. Karola errechnet, dass sie pro Mitarbeiterin einen Betrag von 95,50 EUR verausgabt hat.

c. Franz Fahnder, Steuerberater in München, schickt seinen Mitarbeiter Werner Bolle auf einen DATEV- Lohnkurs. Die Kosten von 250,- EUR hierfür übernimmt Herr Fahnder.

d. Hermann Hurtig schenkt seinem Gesellen zur bestandenen Gesellenprüfung eine Musik - CD, sowie ein Buch. Wert der Geschenke insgesamt 45,00 EUR.

e. Hans Rummel ist Chef der Möbelwerkstätten " Gut Holz". Im Januar 2002 erhält jeder seiner zwei Mitarbeiter ein Buch überreicht. Ein Buch kostete 22,00 EUR.

Im März erhält jeder Mitarbeiter einen Warengutschein für das Kaufhaus "Wir erfüllen alle Wünsche" im Wert von je 60,00 EUR.

Betrachten Sie Januar und März !

1.6.6 Lohnabrechnung mit Firmenwagen

Erich Hanter ist leitender Angestellter bei den Münchner Motorenwerken. Sein Bruttogehalt beläuft sich auf 4.000,00 EUR monatlich. Erichs Chef überlässt ihm einen Firmenwagen zur privaten Nutzung.

Der Firmenwagen wurde im Mai 2002 für 30.000,00 EUR netto anschafft. Der Bruttolistenpreis im Zeitpunkt der Erstzulassung belief sich auf 38.000,00 EUR. Erich nutzt das ihm überlassene Fahrzeug auch für die Fahrten von seiner Wohnung zu seiner Arbeitsstätte. Er fährt täglich insgesamt 50 Kilometer.

Der Beitragssatz der Krankenkasse liegt bei 14,00 %. Erich ist in der Lohnsteuerklasse III. Das ergibt einen Lohnsteuerabzug von 815,83 EUR, Solidaritätszuschlag 44,87 EUR und Kirchensteuer 65,26 EUR.

Erstellen Sie die Lohnabrechnung für den Monat August 2002.

!Lohn mit Firmenwagen, auch das noch!

1.6.7 Aushilfstätigkeit

Wilhelm Eiche führt seit Jahren erfolgreich eine Baumschule in Erding bei München. Daneben hat er noch einen Gewerbebetrieb für Gärtnereizubehör. Wilhelm hat drei Gärtner in seiner Baumschule und den Verkäufer Rolf Buchner für den Gewerbebetrieb angestellt. Im Frühjahr und im Herbst geht es in der Baumschule sowie im Zubehörbereich hoch her. Wilhelm wendet sich dann regelmäßig an seinen Freund Walter Fichtner und bittet ihn, aushilfsweise Rolf Buchner im Verkauf zu entlasten.

Walter arbeitet im Jahr 2002 für Wilhelm:

- Im April an 12 Tagen – je 7 Stunden – Stundenlohn 8,00
- Im Mai an 8 Tagen – jeweils 7 Stunden – Stundenlohn 8,00
- Im September an 15 Tagen – jeweils 7 Stunden – Stundenlohn 8,00
- Im Oktober an 13 Tagen – jeweils 7 Stunden – Stundenlohn 8,00

Walter wird erst wieder im Herbst 2003 für Wilhelm tätig sein können, da er für ein halbes Jahr nach Kalifornien geht, um seine Tochter zu besuchen.

Beurteilen Sie bitte den vorliegenden Fall. Errechnen Sie gegebenenfalls die abzuführenden Beiträge. Nennen Sie bitte auch die Rechtsgrundlage und verbuchen das Ganze.

1.6.8 Kurzfristige Beschäftigung

Entscheiden Sie in den folgenden Fällen, ob es sich um eine kurzfristige Beschäftigung handelt oder nicht. Begründen Sie kurz Ihre Entscheidung.

Im Falle einer kurzfristigen Beschäftigung ermitteln Sie bitte die Arbeitgeberbelastung und buchen diese.

a. Klaus Adler ist Großmarkthändler. Er beschäftigt zwei Angestellte, die ihn bei seiner Arbeit unterstützen. Da ein Angestellter erkrankt ist, bittet er seinen Neffen Thomas kurzfristig auszuhelfen.

   Thomas arbeitet vom 03.05. - 28.05.2002 (20 Arbeitstage). Thomas arbeitet an allen Tagen 8 Stunden und erhält einen Stundenlohn von 15,00 EUR.

b. Else Ehrlich betreibt in der Innenstadt von Nürnberg eine Gaststätte. Bei größeren Feiern hilft ihr ihre Nichte Ines. Im Jahr 2002 half Ines ihrer Tante zu folgenden Zeitpunkten:

im Januar an 10 Tagen – jeweils 5 Stunden – Stundenlohn 10,00 EUR

im März an 8 Tagen – jeweils 4 Stunden – Stundenlohn 10,00 EUR

im Juni an 12 Tagen – jeweils 6 Stunden – Stundenlohn 11,00 EUR

im September an 5 Tagen – jeweils 3 Stunden – Stundenlohn 11,00 EUR

im Dezember an 14 Tagen – jeweils 4 Stunden - Stundenlohn 11,50 EUR

c. Im Frühjahr und im Herbst stellt Wilhelm Eiche regelmäßig Udo Lind in seiner Baumschule ein.

Udo ist für die Umpflanzung der Ballenware zuständig. Diese Arbeiten fallen regelmäßig nur im Frühjahr und im Herbst an. Udo arbeitete im Jahr 2002 zu folgenden Zeiten:

im März an je 6 Tagen – 10 Stunden – Stundenlohn 11,00 EUR

im September an je 8 Tagen – 9 Stunden – Stundenlohn 11,00 EUR

im Oktober an 6 Tagen – 9 Stunden – Stundenlohn 11,00 EUR

d. Iris Denver ist Inhaberin einer Buchhandlung in München. Seit zwei Jahren sind ihre Umsätze sehr gestiegen, da sie sich durch ihre gute persönliche Beratung und fachliche Kompetenz einen Namen gemacht hat. Sie hat deshalb Beate Buchner kurzfristig als Aushilfe eingestellt. Beate arbeitet monatlich an 10 Tagen in der Buchhandlung. Ihr Arbeitstag umfasst jeweils 5 Stunden, ihr Stundenlohn beträgt 13,50 EUR.

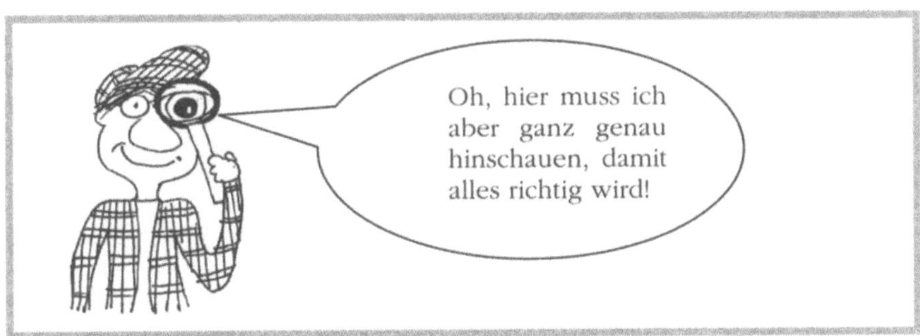

1.6.9 Geringfügige Beschäftigung

In den nachfolgenden Fällen, entscheiden Sie bitte, ob es sich um eine geringfügige Beschäftigung handelt oder nicht. Wenn Sie der Meinung sind, dass es sich um eine geringfügige Beschäftigung handelt, so erstellen Sie bitte die Lohnabrechnung und verbuchen diese.

a. Elke Weber arbeitet als kaufmännische Angestellte bei der Firma Enders. Zweimal in der Woche hilft sie dem Handwerker Ludwig Hummer bei der Erledigung der Geschäftspost. Der Geschäftssitz ist Achim bei Bremen. Sie erledigt diese Arbeiten jeweils von 18.00 – 20.00 h. Sie erhält einen Stundenlohn von 10,50 EUR. Im August 2002 arbeitete Elke an 9 Tagen.

   Da Frau Weber ihre zweite Lohnsteuerkarte mit der Steuerklasse VI vorlegt, übernimmt Herr Hummer die pauschale Lohnsteuer.

b. Gustav Hurtig ist selbständiger Schreinermeister. Er führt seit Jahren seine Werkstatt mit Erfolg. Damit alle gefertigten Möbelstücke termingerecht ausgeliefert werden können, hilft ihm sein Neffe Lutz regelmäßig samstags an 30 Stunden im Monat.

   Lutz ist Schreinergeselle und arbeitet bei den Möbelwerkstätten Holzner.

   Sein Onkel Hermann zahlt im pro Stunde 11,50 EUR.

c. Der Verlag Winkler stellt Lothar Lange als Zeitungsausträger ein. Lothar besucht die 10. Klasse der örtlichen Realschule. Er trägt regelmäßig den „Gemeindeanzeiger“ einmal wöchentlich in seinem Stadtteil aus. Er erhält dafür vom Verlag eine Vergütung von 5,50 EUR pro Stunde.

   Im August arbeitete Lothar insgesamt 12 Stunden.

d. Andrea Hartwig hat im letzten Jahr ihr Schreibwarengeschäft eröffnet. Inzwischen ist ihr Geschäft so gut eingeführt, dass sie die Arbeiten nicht mehr alleine erledigen kann. Pia Rumming hilft ihr regelmäßig an allen Samstagen im Monat. Im August waren es 5 Samstage an denen Pia jeweils 4 Stunden arbeitete. Frau Hartwig zahlt einen Stundenlohn von 10,50 EUR. Auf der Lohnsteuerkarte von Pia ist die Lohnsteuerklasse V eingetragen. Pia übt keine andere Tätigkeit aus. Sie legt Frau Hartwig eine Freistellungsbescheinigung des Finanzamtes vor.

1.6.10 Abgrenzung geringfügige/kurzfristige Beschäftigung

Bitte ergänzen Sie die fehlenden Begriffe.

Eine geringfügige Beschäftigung liegt vor, wenn der Arbeitnehmer __________ im _______ Umfang beschäftigt wird.

Eine kurzfristige Beschäftigung liegt vor, wenn der Arbeitnehmer nicht ____________ beschäftigt wird.

Geringverdiener arbeiten also __________ für einen ____________ Lohn.

Die Grenzbeträge und Zeiten finden Sie im §________________ .

1.6.11 Personalrabatte

a. Peter Petersen ist Abteilungsleiter bei der Firma Sonnenschein. Die Firma Sonnenschein stellt Polstermöbel her, die sie an ihre Großhändler weiter veräußert. Peter hat ein monatliches Bruttogehalt von 3.500,00 EUR. Er spart monatlich 40,00 EUR nach dem 5.VermBG. Sein Arbeitgeber beteiligt sich hieran nicht. Im August 2002 kauft Peter für sich und seine Familie ein neues Sofa und zwei Sessel.

   Er zahlt an seinen Arbeitgeber 5.000,00 EUR. Das Sofa und die zwei Sessel findet man auch beim Versandhaus Qualle für 7.000,00 EUR im Katalog.

Erstellen Sie bitte die Lohnabrechnung für Peter und buchen Sie.

Peter hat die Lohnsteuerklasse III. An Lohnsteuer, Solidaritätszuschlag und Kirchensteuer fallen insgesamt 692,15 EUR an.

Buchen Sie bitte anschließend die Zahlung von Peter an seinen Arbeitgeber.

Peter übergab einen Bankscheck über 5.000,00 EUR.

b. Rita Hofmann betreibt in Weilheim einen Großhandel mit Mänteln. Ihre Schneiderin Trude Unruhig kauft im Dezember 2002 aus der Kollektion des laufenden Geschäftsjahres einen Mantel. Dieser ist hochwertig verarbeitet mit einem Innenfutter aus Pelz. Trude übergibt ihrer Chefin einen Bankscheck in Höhe von 1.150,00 EUR. Im Bekleidungshaus Weber ist dieser Mantel für 1.800,00 EUR zu haben. In diesem Jahr hat Trude noch keine weiteren Waren von ihrer Arbeitgeberin bezogen.

Ermitteln Sie bitte den steuerpflichtigen Arbeitslohn, der durch den Kauf des Mantels bei Trude entsteht.

1.6.12 Verschiedene Buchungen zum Thema Personal

AP

Für die Lohnbuchhaltung Ihres Mandanten Konrad Loos sind folgende Vorfälle zu buchen:

a. Herr Loos zahlte seinem Angestellten Stein anlässlich seiner Vermählung 255,00 EUR bar.

Gehaltsabrechnung des Angestellten Ottmar Stein in Euro:

Bruttogehalt		1.943,00 €
+ AG-Anteil vwL		13,00 €
1.956,00 €		
Abzüge		
Lohnsteuer	280,08 €	
SolZ	15,40 €	
KiSt	22,40 €	317,88 €
AN-Anteil SV		387,39 €
VwL		40,00 €
Miete Werkswohnung		
(ortsüblich)		280,00 €
Auszahlung		930,73 €

Der ArbG-Anteil zur Sozialversicherung beträgt 387,39 .

b. Herr Loos beschäftigt eine Putzfrau ca. vier Stunden wöchentlich am Freitag. Die Putzfrau hat eine Freistellungsbescheinigung vom Finanzamt vorgelegt. Herr Loos zahlte für den Monat November 2002 135,00 EUR aus.

AP

Nehmen Sie alle erforderlichen Buchungen für die Lohnabrechnung vor.

1.7 Zeitliche Abgrenzung

Sie wissen ja: anders als bei der Gewinnermittlung gem. § 4 Abs. 3 EStG, wo es auf den Zeitpunkt des Zuflusses bzw. den Zeitpunkt des Abflusses ankommt, erfasst die Bilanz periodengerecht alle Aufwendungen und Erträge. Da erfahrungsgemäß nicht alle Aufwendungen und Erträge in dem Wirtschaftsjahr, in dem sie entstanden sind, ausgeglichen werden, bzw. zufließen, benötigen wir Abgrenzungskonten. Konten, auf denen wir die Beträge bis zu ihrem Ausgleich durch Zahlung „parken".

1.7.1 Grundbegriffe zeitliche Abgrenzung

Hier dürfen Sie einmal richtig den Rotstift in Aktion bringen. Nur eine Antwort ist richtig, streichen Sie bitte die falsche Antwort durch.

Rückstellungen =

Ausgabe – vor dem Abschlussstichtag – nach dem Abschlussstichtag

Aktive Rechnungsabgrenzung =

Ausgabe - vor dem Abschlussstichtag - nachdem Abschlussstichtag

Sonstige Forderungen =

Ertrag - vor dem Abschlussstichtag – nach dem Abschlussstichtag

Aktive Rechnungsabgrenzung =

Aufwand - vor dem Abschlussstichtag – nach dem Abschlussstichtag

Rückstellungen =

Aufwand – nach dem Abschlussstichtag – vor dem Abschlussstichtag

Passive Rechnungsabgrenzung =

Ertrag – nach dem Abschlussstichtag – vor dem Abschlussstichtag

Sonstige Verbindlichkeiten =

Ausgabe – vor dem Abschlussstichtag – nach dem Abschlussstichtag

Passive Rechnungsabgrenzung =

Einnahme – nach dem Abschlussstichtag – vor dem Abschlussstichtag

Sonstige Forderungen =

Einnahme – vor dem Abschlussstichtag – nach dem Abschlussstichtag

Sonstige Verbindlichkeiten =

Aufwand – nach dem Bilanzstichtag – vor dem Bilanzstichtag

Sie können natürlich auch die einzelnen Zeilen vergrößert kopieren und die Antworten zusammenpuzzeln.

1.7.2 Lückentext Rückstellungen

Ergänzen Sie bitte die Lücken:

Rückstellungen sind Aufwendungen, die weder nach ihrer ______________ noch nach ihrer ______________ bestimmt werden können.

1.7.3 Unterscheidung Abgrenzungsarten

Entscheiden Sie in den folgenden Fällen, um welche der fünf Abgrenzungsarten es sich handelt und erläutern Sie bitte kurz, in welches Jahr der Aufwand bzw. der Ertrag gehört.

a. Kurt Klechsel hat seine Malerwerkstatt gemietet. Er zahlt seine Miete immer pünktlich.

   Die Miete für den Dezember 2002 zahlt Kurt erst am 05.01.2003.

b. Karola Kornfeld überweist die Kfz- Steuer für den Geschäftswagen am 01.10.2002.

   Die Kfz- Steuer wird für den Zeitraum vom 01.10.2002 bis zum 30.09.2003 abgerechnet.

c. Frida Flink stellt fest, dass ihr Gewinn aus der Schneiderwerkstatt in 2002 wesentlich höher sein wird als im Jahr 2001. Dadurch ergibt sich eine höhere Einkommensteuerschuld, aber auch eine höhere Gewerbesteuerschuld.

d. Hermann Hurtig hält in seinem Betriebsvermögen festverzinsliche Wertpapiere.

Die Zinsen werden von der Bank vierteljährlich nachträglich gutgeschrieben. Für den Zeitraum Oktober bis Dezember 2002 erfolgt die Gutschrift am 15.01.2003.

e. Hans Hummel vermietet an Georg Geizig einen Lagerplatz. Georg zahlt die Miete für Januar 2003 bereits am 28.12.2002 bar an Hans.

1.7.4 Zeitliche Abgrenzungen buchen

Bitte bilden Sie für die folgenden Fälle die Buchungssätze.

Bei Rechnungsabgrenzungsposten ist die Abgrenzung am 31.12.2002 vorzunehmen.

Buchen Sie auch in diesen Fällen die Auflösung oder Zahlung im Jahr 2003 und nennen Sie bitte auch, um welche der fünf Abgrenzungsarten es sich handelt.

a. Unternehmer Hans Hummel hat bei seiner Hausbank ein Darlehen aufgenommen. Er finanziert damit die Anschaffung einer neuen Hobelmaschine. Die Zinsen sind vierteljährlich nachträglich fällig.

Am 30.01.2003 überweist Hans die Zinsen für die Monate November bis Januar in Höhe von 1.500,00 EUR.

b. Herr Hummel hat an seine Nachbarfirma Köhler einen Lagerschuppen vermietet. Die Miete ist jeweils drei Monate im Voraus fällig. Am 30.11.2002 überweist Firma Köhler die Miete für die Monate November 2002 bis Januar 2003. Der monatliche Mietzins beträgt 300,00 EUR.

c. Im Oktober 2002 erteilt Herr Hummel dem Bauunternehmer Windig den Auftrag die Lagerhalle instand zu setzen. Windig erstellt ein Angebot in folgender Höhe: Instandsetzung einer Lagerhalle netto 6.000,00 EUR plus gesetzlicher Umsatzsteuer.

Bedingt durch den frühen Wintereinbruch führt Windig die Arbeiten erst im Februar 2003 aus.

1.7.5 Zeitliche Abgrenzung buchen

Bitte bilden Sie für die folgenden Fälle die Buchungssätze.

Bei Rechnungsabgrenzungsposten ist die Abgrenzung am 31.12.2002 vorzunehmen.

Buchen Sie auch in diesen Fällen die Auflösung oder Zahlung im Jahr 2003 und nennen Sie bitte auch, um welche der fünf Abgrenzungsarten es sich handelt.

a. Lizzy Liebermann führt seit dreißig Jahren ihren Frisiersalon in Neuaubing bei München.

   Am 10.01.2003 erhält Lizzy die Rechnung ihrer Lesemappe für die Monate Oktober 2002 bis März 2003. Lizzy überweist am 15.01.2003 den fälligen Rechnungsbetrag in Höhe von 60,00 EUR plus der gesetzlichen Umsatzsteuer.

b. Lizzy ist auf Grund ihrer hervorragenden meisterlichen Arbeit weit über die Stadtgrenze bekannt. Ihr Kundenstamm hat sich im Jahre 2002 erheblich ausgeweitet. Sie rechnet daher mit einer Gewerbesteuernachzahlung für das Jahr 2002 von 1.500,00 EUR.

   Am 15.05.2003 wird ihr der Gewerbesteuerbescheid zugestellt. Am 14.06.2003 überweist Lizzy die Abschlusszahlung von 1.590,00 EUR.

c. Lizzy zahlt ihrer langjährigen Mitarbeiterin Hilde Duldig jährlich eine Gewinnbeteiligung.

   Für 2002 rechnet Lizzy damit, an Hilde eine Gratifikation in Höhe von 5.000,00 EUR zu zahlen.

d. Einen Raum ihrer Geschäftsräume hat Lizzy an Bärbel Pfanner, untervermietet. Bärbel übt in diesem Raum ihre Tätigkeit als Nageldesignerin aus. Die fällige Miete über 150,00 EUR für den Monat Dezember überweist Bärbel erst am 05.01.2003

e. Lizzy plant vom 24.12.2002 bis zum 06.01.2003 ihren Salon zu schließen um mit ihrem Ehemann Leonard in den Winterurlaub zu fahren. Sie überweist deshalb die Miete für den Monat Januar 2003 bereits am 23.12.2002. In dem Betrag von 1.600,00 EUR ist die Miete für die Privatwohnung in Höhe von 600,00 EUR enthalten.

f. Lizzy hält in ihrem Betriebsvermögen festverzinsliche Wertpapiere. Die Bank rechnet die Zinsen halbjährlich ab. Am 01.10.2002 schreibt die Bank den Betrag von 600,00 EUR gut. Er betrifft die Zinsen für die Monate Oktober 2002 bis März 2003.

g. Um den Salon noch kundenfreundlicher zu gestalten, kauft Lizzy eine komplette neue Einrichtung.

   Den Malermeister Klechsel beauftragt sie mit Renovierungsarbeiten.

   Diese werden Ende November ausgeführt. Klechsel erstellt die Rechnung am 07.01.2003: Malerarbeiten insgesamt 750,00 EUR plus 16 % Umsatzsteuer.

   Lizzy zahlt am 15.01.2003 per Bank.

   Zur Durchführung der Maßnahme nimmt Lizzy bei ihrer Hausbank ein Darlehen auf. Die Zinsen hierfür sind vierteljährlich fällig. Am 01.12.2002 bucht die Bank einen Betrag von 150,00 EUR vom Bankkonto ab. Er betrifft die fälligen Zinsen für die Monate Dezember 2002 bis Februar 2003.

h. Um eine entspannende Atmosphäre für ihre Kunden zu schaffen, spielt Lizzy klassische Musik auf ihrer Stereoanlage. Die Gebührenrechnung der GEZ für die Monate Januar bis März 2003 überweist sie vor ihrem Winterurlaub am 20.12.2002. Monatlich fallen Gebühren in Höhe von 10,50 EUR an.

1.7.6 Rückstellung für Steuerberatungskosten

Friseurmeisterin Lizzy Liebermann erhält am 02.12.2002 von ihrer Steuerberaterin Irene Hofmann folgende Rechnung:

Gewinnermittlung für das Jahr 2001	1.200,00 €
Einkommensteuererklärung 2001	250,00 €
Gewerbesteuererklärung 2001	150,00 €
Umsatzsteuererklärung 2001	200,00 €
Anlage V 2001 (gehört nicht zum Betriebsvermögen)	100,00 €
Summe:	1.900,00 €
Umsatzsteuer 16 %	304,00 €
Gesamtbetrag:	2.204,00 €

Frau Liebermann überweist den Betrag per Banküberweisung am 18.12.2002.

Für das Jahr 2001 ist eine Rückstellung für Abschlussarbeiten in Höhe von 1.600,00 EUR gebildet worden. Die Zahlung der Rechnung und die Auflösung der Rückstellung ist noch nicht gebucht.

Bitte nehmen Sie die notwendigen Buchungen per 18.12.2002 vor

1.7.6 Abschlussprüfungsaufgaben zeitliche Abgrenzung

AP

a. Der Großhändler Wilhelm Wuchtig hat für das WJ 2001 eine Gewerbesteuer-Rückstellung von 4.500,00 EUR gebildet. Wuchtig erhält am 15. Dezember 2002 den Gewerbesteuerbescheid 2001.

Die Abschlusszahlung beträgt 4.200,00 EUR. Der fällige Betrag wird am 14.01.2003 überwiesen.

Nehmen Sie die Buchungen zum 15. Dezember 2002 vor!

AP

b. Der Unternehmer Karl Kaiser hat am 31.12.2002 folgende Sachverhalte noch nicht berücksichtigt:

Die Darlehenszinsen für die Zeit vom 01.10.2001 bis 31.03.2002 werden am 31.03.2002 dem Bankkonto in Höhe von 2.400,00 EUR belastet.

Buchen Sie zum 31.12.2002.

AP

c. Für eine im November 2002 durchgeführte Werbemaßnahme werden am 15.12.2002 8.700,00 EUR einschließlich 16 % USt durch Banküberweisung beglichen. Der Erfolg der Werbemaßnahme lässt sich bis Ende Juni 2003 absehen. Der Aufwand wurde wie folgt verbucht:

6600	7.500,00		
1400	1.200,00	an 1200 (1800)	8.700,00

Ist diese Buchung richtig?

AP

d. Die Firma Otto hat einen Bauunternehmer im November 2002 den Auftrag gegeben, den Kundenparkplatz instandzusetzen. Das Angebot lautet über 20.000,00 EUR plus 3.200,00 EUR USt. Wegen schlechter Witterung werden die Arbeiten erst im April 2003 ausgeführt.

Wie buchen Sie?

1.8 Forderungen

1.8.1 Grundwissen Lückentext

Bei der Bewertung der Forderungen sind § 253 Abs. 1 HGB und § 6 Abs. 1 Nr. 2 anzuwenden. Bevor Sie den folgenden Lückentext bearbeiten, lesen Sie doch bitte zur Erinnerung die beiden oben angegebenen Paragraphen.

Die Forderungen sind handels- und steuerrechtlich grundsätzlich mit den .... anzusetzen. Die Anschaffungskosten setzten sich zusammen aus dem .... und der ...., das heißt, aus dem ....

Ist der Wert einer Forderung am Bilanzstichtag niedriger als ihr Nennwert, so ist sie handelsrechtlich mit dem .... anzusetzen. § 253 Abs. 3 HGB nennt hier das ....

Seit dem 01.01.1999 haben wir steuerrechtlich eine Änderung zu beachten. Nach § 6 Abs. 1 Satz 2 EStG, können wir den niedrigen Teilwert nur ansetzten, wenn ....

Maßgeblich für die Bewertung der Forderungen sind die tatsächlichen .... am ....

1.8.2 Begriffsbestimmungen

Beschreiben Sie bitte kurz mit eigenen Worten die folgenden Begriffe:

„wertaufhellende Tatsachen"
bedeutet:

„später eintretende wertbeeinflussende Tatsachen"
bedeutet:

Entscheiden Sie in den beiden folgenden Fällen, um welche „Tatsachen" es sich handelt.

a. Die Einzelhändlerin Helga Schmitz lieferte an die Firma Weiland am 15.12.2002 Büromaterial im Wert von 928,00 EUR.

Im April 2003 erstellt Helga ihre Bilanz für das Jahr 2002. Im Februar 2003 erfährt Helga, dass die Firma Weiland auf Grund der Veruntreuungen des Prokuristen seit Januar 2003 nicht mehr zahlungsfähig ist.

b. Am 30.11.2002 beliefert die Unternehmerin Iris Denver die Firma Schuhmann mit Büchern. Der Warenwert netto beträgt 450,00 EUR. Im Februar 2003 stellt Iris ihre Bilanz für das Jahr 2002 auf. Im Januar erfährt Iris, dass bereits am 20.12.2002 das Insolvenzverfahren bei der Firma Schuhmann eröffnet worden ist.

1.8.3 Bewertung von Forderungen

Alle zum Betriebsvermögen gehörende Wirtschaftsgüter sind am Bilanzstichtag einzeln zu bewerten.
Die zu bewertenden Forderungen werden deshalb einteilt in:

- 1.____________________
- 2.____________________
- 3.____________________

Ihre Bewertung erfolgt mit dem:

- 1.____________________
- 2.____________________
- 3.____________________

Entscheiden Sie, um welche der drei Arten von Forderungen es sich in den folgenden Fällen handelt.

a. Bei unserem Kunden Walters ist das Insolvenzverfahren eröffnet worden.

Unsere Forderung beläuft sich auf 1.500,00 EUR netto.

b. Der Kunde Fröhlich zahlt seine Rechnung stets unter Abzug des Skontobetrages. Es steht ein Rechnungsbetrag von 800,00 EUR netto offen.

c. Unser Kunde Habich begleicht seine Rechnung nach vier Wochen rein netto Kasse. Die Forderung an Habich beträgt 450,00 EUR netto.

d. Uns ist bekannt geworden, dass unser Kunde Wunderlich seine Zahlungen weitgehend eingestellt hat. Es ist noch ein Rechnungsbetrag von 560,00 EUR netto offen.

e. Beim Kunde Friedlich steht das Insolvenzverfahren kurz vor dem Abschluss. Der noch offen stehende Rechnungsbetrag lautet auf 850,00 EUR netto.

f. Die Firma Hagenbeck teilt uns mit, dass sie voraussichtlich ihre Zahlungen einstellen wird. Unsere Forderung beträgt 680,00 EUR netto.

Buchen Sie bitte zu den Fällen a bis f jeweils die Eingangsrechnung, den Zahlungseingang oder nehmen Sie die entsprechende Buchung vor.

Bei allen Rechnungen ist von einem Umsatzsteuersatz von 16 %, auszugehen.

1.8.4 Forderungen im Jahresabschluss

Nachdem Sie jetzt mühelos alle Forderungsarten unterscheiden können, helfen Sie bitte Ihrem Mandanten Georg Rank bei seinen Abschlussbuchungen zum 31.12.2002.

Georg Rank hat seine Debitorenaufstellung per 31.12.2002 vorliegen:

- Bei den Forderungen der Firma Windig und Strohfeuer ist er sich nicht sicher, ob die Forderungen in voller Höhe eingehen. Firma Windig schuldet Georg 580,00 EUR brutto, die Firma Strohfeuer 464,00 EUR brutto.
- Die Forderung der Firma Perfekt war zweifelhaft geworden. Der Insolvenzverwalter teilt Georg mit, dass die bestehende Forderung in Höhe von 696,00 EUR brutto voraussichtlich nur zu 40 % ausgeglichen werden kann.
- Bei der Firma Sonnenschein wird überraschend das Insolvenzverfahren mangels Masse eingestellt. Es steht noch eine Rechnung in Höhe von netto 450,00 EUR offen.
- Bei der zweifelhaften Forderung gegen die Firma Heimer, rechnet Georg mit einem Ausfall von 70 %. Der Bruttorechnungsbetrag beläuft sich auf 348,00 EUR.
- Hingegen rechnet Georg bei der zweifelhaften Forderung gegen die Firma Wamser nur mit einem Ausfall in Höhe von 20 %. Die Rechnung lautete auf 232,00 EUR brutto.

1.8.5 Zahlung von wertberichtigten Forderungen

Nehmen Sie bitte die erforderlichen Buchungen bei Zahlungseingang vor. Berücksichtigen Sie Ihr Ergebnis aus Aufgabe 1.8.4.

Georg Rank hat seine Bankauszüge für den Januar 2003 vorliegen.

Es sind folgende Eingänge zu verzeichnen.

- **08.01.2003** Der Insolvenzverwalter der Firma Perfekt überweist 232,00 EUR an Georg
- **10.01.2003** Von der Firma Windig gehen 580,00 EUR ein.
- **13.01.2003** Die Firma Heimer überweist nur 116,00 EUR mit dem Hinweis, dass dies die letzte Zahlung ist, da das Insolvenzverfahren mangels Masse nicht eröffnet wird.
- **16.01.2003** Die Firma Strohfeuer gleicht ihre Rechnung in voller Höhe aus.
- **25.01.2003** überraschend gehen von der Firma Sonnenschein doch noch 174,00 EUR ein.
- **28.01.2003** Von der Firma Wamser gehen 185,60 EUR ein.

1.8.6 Pauschalwertberichtigung auf Forderungen

Bisher haben Sie alle Forderungen einzeln bewertet. Aber auch bei den einwandfreien Forderungen ist in der Regel mit einem geringen Ausfall zu rechnen. Aus diesem Grund buchen wir die Pauschalwertberichtigung. Ein Prozentsatz zwischen einem und drei Prozent sind in der Praxis üblich.

Der Prozentsatz kann immer nur geschätzt werden, dabei sind die aus der Vergangenheit gemachten Erfahrungen zu berücksichtigen.

Nennen Sie bitte die zwei möglichen Buchungsmethoden bei der Pauschalwertberichtigung.

- 1. ____
- 2. ____

In den folgenden Fällen buchen Sie bitte nach beiden Methoden, jeweils zum 31.12.2002.

Der Prozentsatz der Pauschalwertberichtigung soll in allen Fällen 1 % betragen.

a. Der Bauunternehmer August Anhalt aus Ausburg hat am 31.12.2002 einen Bestand an Forderungen in Höhe von insgesamt 17.400,00 EUR. Am 31.12.2001 betrug der Forderungsbestand 20.880,00 EUR.

b. Spirituosengroßhändler Franz Flüssig errechnet einen Forderungsbestand am 31.12.2002 in Höhe von 9.280,00 EUR. Der Forderungsbestand am 31.12.2001 lautete auf 7.540,00 EUR.

c. Der Forderungsbestand am 31.12.2002 bei der Matratzenfabrik Manfred Menzel beläuft sich auf insgesamt 13.920,00 EUR. Am 31.12.2001 hatte die Firma Menzel einen Forderungsbestand von 12.760,00 EUR.In dem Forderungsbestand am 31.12.2002 ist eine zweifelhafte Forderung von insgesamt 820,00 EUR und eine uneinbringliche Forderung in Höhe von insgesamt 1.072,00 EUR enthalten.

1.8.7 Abschlussbuchungen zum Forderungsbestand

Sabine Lorenz abeitet bei der Firma Waldemar Pichler als Bilanzbuchhalterin. Sie ist mit der Abstimmung der Forderungen per 31.12.2002 beschäftigt. Ihr liegen folgende Daten vor:

Der Bestand an Forderungen beträgt per 31.12.2002 insgesamt 16.240,00 EUR. In diesem Bestand sind folgende Forderungen enthalten, die Frau Lorenz noch beurteilen muss.

Welchen Endbestand müsste Frau Lorenz nach den erforderlichen Buchungen auf dem Konto Forderungen vorfinden?

a. Die Forderung an den Kunden Winfried Wohlfeil in Höhe von insgesamt 754,00 EUR ist zweifelhaft geworden.

b. Der Insolvenzverwalter der Firma Thomsen teilte mit, dass die bestehende Forderung in Höhe von 406,00 EUR incl. USt nur zu 40 % ausgeglichen werden kann. Dieser Betrag ist zum 31.12.2002 auf dem Bankkonto eingegangen.

c. Gegen die Firma Wendelstein besteht eine zweifelhafte Forderung. Diese Forderung in Höhe von 464,00 EUR muss mit 60 % wertberichtigt werden.

d. Am 31.12.2002 wurde dem Bankkonto ein Betrag von 290,00 EUR gutgeschrieben. Es handelt sich um die bereits im Jahr 2000 voll abgeschriebene Forderung an den Kunden Luftikus.

e. Die einwandfreie Forderung gegenüber dem Kunden Wummig in Höhe von insgesamt 116,00 EUR ist uneinbringlich geworden.

f. Der Forderungsbestand am 31.12.2001 wurde im Jahresabschluss 2001 mit 17.400,00 EUR ausgewiesen. Die Pauschalwertberichtigungsquote beträgt 1 %.

1.8.8 Praxisnahe Übung Bewertung von Forderungen

Uli N. befindet sich inzwischen im dritten Ausbildungsjahr zum Steuerfachangestellten. Uli hat zum ersten Mal die Abschlussbuchungen im Bereich Forderungen per 31.12.2002 für den Mandanten Frohgemut vorgenommen.

Bitte überprüfen Sie, ob die endgültigen Salden korrekt sind.

Es hat sich als hilfreich erwiesen, wegen der besseren Übersicht nicht nur die Buchungssätze zu bilden, sondern die Buchungen auf T- Konten zu erfassen. So haben Sie gleich eine genaue Kontrolle.

KONTENSALDEN VOR DEN ABSCHLUSSBUCHUNGEN

0998 (1246) Einzelwertberichtigung	1.500,00
0996 (1248) Pauschalwertberichtigung	800,00
1400 (1200) Forderungen aus LuL	58.000,00
1460 (1240) zweifelhafte Forderungen	6.960,00

KONTENSALDEN NACH DEN ABSCHLUSSBUCHUNGEN

0998 (1246) Einzelwertberichtigung	2.000,00
0996 (1248) Pauschalwertberichtigung	485,00
1400 (1200) Forderungen aus LuL	56.260,00
1460 (1240) zweifelhafte Forderungen	7.192,00
2400 (6930) Forderungsverluste	1.000,00
2730 (4920) Erträge PWB	315,00
4886 (6910) Abschreibungen aus Umlaufvermögen	800,00

Uli hat zu folgenden Sachverhalten Buchungen vorgenommen:

- Die gegen den Kunden Weiler bestehende Forderung in Höhe von 1.620,00 EUR ist zweifelhaft geworden.
- Bei der zweifelhaften Forderung gegen den Kunden Sperling in Höhe von 2.320,00 EUR ist eine Wertberichtigung von 40 % vorzunehmen.
- Der Insolvenzverwalter des Kunden Wamser teilte mit, dass das Verfahren mangels Masse eingestellt wurde. Die Forderung belief sich auf 928,00 EUR.
- Gegen den Kunden Hanter besteht eine zweifelhafte Forderung in Höhe von 560,00 EUR. Die Forderung ist uneinbringlich geworden. Sie wurde bereits mit 60 % wertberichtigt.
- Die Pauschalwertberichtigung war wie im Vorjahr mit 1 % vorzunehmen.

1.8.9 Abschlussprüfungsaufgaben Thema Forderungen

Das Konto 1200 Forderungen (SKR 03) eines Mandanten weist zum 31.12.2002 einen Betrag von 290.000,00 EUR aus.

AP

Darin ist eine Forderung an den Kunden A in Höhe von 11.600,00 EUR enthalten. Gegen A wurde völlig überraschend am 15.11.2002 das Insolvenzverfahren eröffnet.

Ebenfalls enthalten ist eine Forderung an den Kunden B in Höhe von 23.200,00 EUR, gegen den am 15.12.2002 das Vergleichsverfahren eröffnet wurde. Es wird mit einem Ausfall von 80 % gerechnet.

Für die restlichen Forderungen ist mit einem Ausfall von 2 % zu rechnen. Für das Wirtschaftsjahr 2001 wurde eine Pauschalwertberichtigung von 6.000,00 gebildet.

Wie ist auf Grund der Eröffnung des Insolvenzverfahrens des Kunden A zu buchen?

Wie lautet die Buchung auf Grund der Eröffnung des Vergleichsverfahrens beim Kunden B?

Berechnen Sie die Pauschalwertberichtigung und buchen Sie nach der Auflösungs- und Anpassungsmethode!

Der überraschende Eingang einer bereits in 1995 abgeschriebenen Forderung einschließlich 15 % USt in Höhe von 9.200,00 EUR auf dem betrieblichen Bankkonto ist noch nicht gebucht.

Wie lautet die erforderliche Buchung?

1.9 Kauf und Verkauf von Wertpapieren

1.9.1 Grundwissen Lückentext

Ergänzen Sie bitte die Lücken sinnvoll.

Wertpapiere können sowohl zum .... , als auch zum .... eines Unternehmens gehören.

Wenn Wertpapiere dazu bestimmt sind, dem Betrieb dauernd zu .... , werden sie am Bilanzstichtag dem Anlagevermögen zugerechnet.

Gehören Wertpapiere zumAnlagevermögen, so setzt dies in der Regel eine .... voraus. Es geht hierbei nicht um die .... der Kapitalanlage.

Man kann davon ausgehen, dass die meisten Wertpapiere dem .... zuzurechnen sind, da sie jederzeit .... sind.

1.9.2 Umfangreiche Übungen Thema Wertpapiere

Bei der Bearbeitung des folgenden Themas denken Sie bitte an die Rechtsänderung bei den Einkünften aus Kapitalvermögen. In der Regel wird ab dem Veranlagungsjahr 2002 das Anrechnungsverfahren vom Halbeinkünfteverfahren abgelöst.

Sie sehen hier am Beispiel Rechnungswesen und ESt, wie die einzelnen Fächer ineinander übergreifen.

Berechnen und verbuchen Sie bitte den Wertpapierkauf und Verkauf.

Bei den Dividenden und Zinserträgen erstellen Sie bitte ebenfalls die Abrechnung und verbuchen den Geschäftsvorfall.

Die Wertpapiere gehören bei allen Aufgaben zum <u>Umlaufvermögen</u> der Unternehmer!

a. Schreinermeister Walter Hurtig kauft am 20.02.2002 per Bankscheck, 50 Aktien der Schubert AG. Die Aktien haben einen Kurswert von 110,00 EUR pro Stück. Die Bank berechnet eine Provision von 2 %. An Maklergebühren fallen insgesamt 10,00 EUR an.

Die Schubert AG schüttet am 15.09.2002 eine Dividende von 10,00 EUR je Aktie aus.

Am 20.12.2002 verkauft Hermann 20 Schubert Aktien zu einem Kurswert von 130,00 EUR pro Stück. Die Verkaufskosten betragen insgesamt 100,00 EUR.

b. Einzelhändlerin Elke Enders kauft am 30.05.2002 per Bankscheck eine 5 % Anleihe im Nennwert von 5.000,00 EUR mit laufendem Zinsschein. Die Zinsfälligkeit ist jeweils der 01.03. und 01.09. für das abgelaufene Halbjahr. An Provisionen und Gebühren berechnete die Bank einen Betrag von insgesamt 150,00 EUR. Die zu zahlenden Stückzinsen betragen 104,15 EUR.

   Am 30.12.2002 schreibt die Bank Elke Zinsen in Höhe von 125,00 EUR, abzüglich der Kapitalertragsteuer und des Solidaritätszuschlages gut. Der Zinsertrag resultiert aus dem betrieblichen Sparguthaben.

   Am 01.12.2002 verkauft Elke Wertpapiere für 5.800,00 EUR. Die Bank berechnet an Provisionen und Gebühren insgesamt 200,00 EUR. Die Anschaffungskosten beliefen sich auf 5.400,00 EUR.

c. Der selbständige Bäckermeister Michael Brezelheimer kauft am 15.01.2002 über seine Bank festverzinsliche Wertpapiere in Höhe von 6.500,00 EUR. Die Bank berechnet an Provisionen und Maklergebühren insgesamt 150,00 EUR.

   Von der Frisch AG kauft Herr Brezelheimer am 28.02.2002 insgesamt 150 Aktien, zu einem Kurswert von 30,00 EUR pro Stück. Die Bank berechnet 1 % Provision. 10,00 EUR stellt sie für Maklergebühren in Rechnung.

   Am 18.03.2002 kauft Herr Brezelheimer Obligationen im Wert von 5.200,00 EUR. An Stückzinsen fallen 40,00 EUR an und die Anschaffungsnebenkosten betragen 35,00 EUR.

   Für die am 15.01.2002 gekauften Wertpapiere erhält Herr Brezelheimer am 15.07.2002 112,78 EUR Zinsen auf seinem Bankkonto gutgeschrieben.

   Herr Brezelheimer erhält am 15.08.2002 für seine am 28.02.2002 gekauften Aktien eine Dividende von 5,00 EUR pro Stück.

   Am 30.09.2002 schreibt die Bank seinem Bankkonto Zinsen aus den am 18.03.2002 gekauften Obligationen in Höhe von 102,52 EUR gut.

   Die am 15.01.2002 gekauften festverzinslichen Wertpapiere verkauft Herr Brezelheimer am 25.09.2002 für 7.200,00 EUR. Die Bank berechnet für den Verkauf insgesamt 150,00 EUR.

   Von den 150 Aktien der Frisch AG verkauft er am 01.10.2002 30 Aktien zu einem Kurswert von 28,00 EUR. Bankprovision und Gebühren belaufen sich auf insgesamt 50,00 EUR.

1.9.3 Praxisübung Buchungen Wertpapiere

Uli N. erhält von seinem Chef die Aufgabe, Ihre Buchungssätze zum Themenbereich Kauf – Verkauf von Wertpapieren aus Aufgabe 1.9.2 zu überprüfen.

Hocherfreut macht Uli sich an die Arbeit.

Er korrigiert Ihre Buchungssätze aus Aufgabe 1.9.2 in folgenden Fällen:

1.9.2 a :Dividendengutschrift von Schreinermeister Walter Hurtig:

SIE BUCHTEN:

Dividendenausschüttung	
50,00 x 10,00	500,00
- Kapitalertragsst. 20%	100,00
- Soli 5,5%	5,50
Bankgutschrift	394,50

1200 (1800)	394,50			
1810 (2150)	105,50	an	2651 (7101)	250,00
		an	1890 (2180)	250,00

ULI BUCHT:

1200 (1800)	394,50			
1810 (2150)	105,50	an	2651 (7101)	500,00

3/7 von 500,00 = 214,29 - Körperschaftssteuer

1810 (2150)	214,29	an	2651 (7101)	214,29

1.9.2 c Dividendengutschrift Bäckermeister Brezelheimer

SIE BUCHTEN:

150 x 5,00	750,00
- Kapitalertragsteuer 20 %	150,00
- Solidaritätszuschlag 5,5 %	8,25
Bankgutschrift	591,75

1200 (1800)	591,75			
1810 (2150)	158,25	an	2651 (7101)	375,00
		an	1890 (2180)	375,00

ULI BUCHT:

1200 (1800)	591,75			
1810 (2150)	158,25	an	2651 (7101)	750,00

3/7 von 750,00 = 321,42 - Körperschaftssteuer

1810 (2150)	321,42	an	2651 (7101)	321,42

Sind Sie mit Ulis Korrekturen einverstanden?

1.9.4 Kleiner Exkurs in die Einkommensteuer

Berechnen Sie doch bitte einmal die Einkünfte aus Kapitalvermögen für das Jahr 2002:

Der Mandant Michael Huber aus München ist verheiratet.

Herrn Huber wurde eine Nettodividende in Höhe von 29.587,50 EUR auf seinem Bankkonto gutgeschrieben.

Andere Einnahmen aus Kapitalvermögen liegen nicht vor. Ein Freistellungsauftrag lag der Bank nicht vor.

1.9.5 Bewertung von Wertpapieren

Bei der Bewertung der Wertpapiere in den folgenden Fällen begründen Sie bitte kurz Ihre Entscheidung und nehmen, falls erforderlich, die entsprechende Buchung vor.

a. Schreinermeister Hurtig hält in seinem Umlaufvermögen Aktien der Holz-AG. Der Kurswert betrug am Bilanzstichtag 31.12.2002 je Aktie 109,60 EUR. Die Bilanz wird am 20.04.2003 aufgestellt.

Der Kurs der Aktie beträgt zu diesem Zeitpunkt 122,80 EUR.

Mit welchem Wert sind die verbleibenden 30 Aktien von Herrn Hurtig zu bewerten?

b. Metzgermeister Michael Huber hält in seinem Umlaufvermögen Aktien der Schinkenspeck-AG

Am Bilanzstichtag stand die Aktie pro Stück bei einem Kurs von 35,18 EUR. Bei der Bilanzerstellung am 14.03.2003 wurde ein Kurs von 28,14 EUR notiert.

Bewerten Sie bitte auch die 120 Aktien von Michael Huber zum 31.12.2002.

c. Der Bauunternehmer Werner Windig hält in seinem Umlaufvermögen Pfandbriefe. Die Anschaffungskosten in Höhe von 6.500,00 EUR wurden aktiviert.

Am Bilanzstichtag haben diese Pfandbriefe einen Teilwert von 6.000,00 EUR . Es handelt sich nur um eine vorübergehende Wertminderung.

Bitte bewerten Sie per 31.12.2002.

d. Fischgroßhändler Peter Paulsen hat Anleihen im Wert von 7.650,00 EUR in seinem Umlaufvermögen.

Am Bilanzstichtag wird ein Teilwert von 7.150,00 EUR festgestellt. Es ist nicht damit zu rechnen, dass die Anleihen noch einmal einen höheren Wert erreichen.

Bitte bewerten Sie zum Bilanzstichtag.

1.9.6. Lückentext Bewertung von Wertpapieren

Zur Wiederholung und Festigung der gerade gelösten Aufgaben füllen Sie doch bitte den folgenden Lückentext sinnvoll aus.

Gehören die Wertpapiere zum Umlaufvermögen, so sind sie mit den .... zu bewerten. Dies gilt sowohl handelsrechtlich als auch ....

Die Nebenkosten, wie z.B. .... und .... gehören ebenfalls zu den ....

Handelsrechtlich (§ 253 Abs. 3 HGB) gilt auch hier das .... , wenn am Bilanzstichtag der Börsenpreis oder der .... niedriger ist als die ....

Nach § 6 Abs. 1 Nr. 2 kann steuerrechtlich der .... nur angesetzt werden, wenn die Wertminderung .... von .... ist.

Diese Regelung gilt steuerrechtlich ab dem ....

1.9.7 Ein Aktienmärchen

Es waren einmal vier Aktien mit langen komplizierten Namen. Wir nennen sie der Einfachheit halber A, B, C und D. Jede Aktie gehörte selbstverständlich einer anderen Aktiengesellschaft an. Diese vier Aktien hatten eines Tages eine handfeste Auseinandersetzung über ihren Wert.

Wie bei den Menschen, so auch bei den Aktien: eine jede ist nämlich davon überzeugt, die Beste zu sein.

Sie konnten sich nicht darüber verständigen, mit welchem Wert sie am Bilanzstichtag 31.03.2003 in der Bilanz stehen würden.

Daher gingen sie zum weisen Azubi der Steuerfachangestellten und baten um Rat.

Die **Aktie A** wurde am 15.09. angeschafft. Der Preis betrug 65,00 EUR plus 2 % Provision. Während des laufenden Jahres geriet die Gesellschaft immer mehr in die roten Zahlen. Der Kurswert am 30.09. belief sich nur noch auf 46,00 EUR. Auf Grund der neuen Geschäftsleitung stiegen die Gewinne dann wieder.

Es wurden folgende Kurse notiert. 31.10. 54,00 EUR / 30.11. 62,00 EUR / 31.12. 68,00 EUR / 31.01.2003 66,00 EUR / 28.02.2003 65,00 EUR / 31.03.2003 62,00 EUR / 30.04.2003 64,00 EUR.

Aktie B wurde am 20.09. für 66,30 EUR einschließlich der Nebenkosten erworben. In ihrer Gesellschaft stiegen die Gewinne Dank eines neuen Produktes rasant in die Höhe. Es wurden folgende Kurse notiert: 30.10. 74,00 EUR / 31.11. 78,00 EUR / 31.12. 80,00 EUR / 30.01.2003 77,00 EUR / 28.02.2003 69,00 EUR / 31.03.2003 64,00 EUR / 30.04.203 67,00 EUR.

Für **Aktie C** wurden am 08.08.2002 130,00 EUR berechnet, es mussten noch 2 % Provisionen gezahlt werden.

Im September geriet die Gesellschaft in Not. Ein Insolvenzverfahren drohte. Die Aktie stürzte in den Keller. Am 30.09.2002 notierte man noch einen Wert von 80,00 EUR. Die Gesellschaft wurde am 15.10. von der Tochtergesellschaft übernommen. Die Gewinne stiegen langsam wieder. Es steht aber fest, dass eine dauerhafte Wertminderung von 20 % am Bilanzstichtag angenommen werden muss.

Aktie D wurde am 26.06.2002 erworben. Der Kurs lag bei 132,60 EUR inklusive der Nebenkosten. Sie gehört einer grundsoliden Gesellschaft an. Es gab gelegentliche kleinere Kursschwankungen, sonst keine Veränderungen.

Was antwortete der weise Steuerfachangestellte-Azubi wohl den vier Aktien?

1.10 Verbindlichkeiten

1.10.1 Fragenkatalog zum Grundwissen

Bevor Sie mit der Bearbeitung der Aufgaben beginnen, beantworten Sie bitte erst die nachstehenden Fragen.

Geben Sie auch bitte die gesetzliche Quelle an.

a. Wie werden Verbindlichkeiten steuerrechtlich bewertet?

b. Welchen Wert sieht das Handelsrecht bei der Bewertung von Verbindlichkeiten welchen vor?

c. Ab dem Wirtschaftsjahr 1999 gibt es das Abzinsungsgebot. Für welche Verbindlichkeiten gilt es?

d. Welcher Zinssatz kommt zur Anwendung?

e. Das bei den Forderungen angewandte Niederstwertprinzip wird bei den Verbindlichkeiten zum ....

f. Auch bei den Verbindlichkeiten gilt: der Ansatz des höheren Teilwert ist nur zu bilanzieren, wenn die Werterhöhung .... ist.

Wenn Sie alle Fragen beantwortet haben, lesen Sie die Fragen und Ihre Anworten mehrmals laut vor. Was Sie laut aussprechen und somit hören, können Sie sich viel schneller merken.

1.10.2 Buchungen Verbindlichkeiten

Nehmen Sie bitte zu allen Daten die erforderlichen Buchungen vor. Sollte keine Buchung vorzunehmen sein, so begründen Sie es bitte kurz.

a. Schreinermeister Köhler kauft in den USA eine Fräsmaschine für seine Schreinerei.

   Die Maschine kostet 15.000,00 $. An Nebenkosten fallen noch 2.100,00 $ an, die bei der Lieferung gleich per Bankscheck ausgeglichen werden.

   Die Lieferung erfolgt am 10.12.2002. Zahlungsziel ist binnen vier Wochen nach Erhalt der Lieferung in US-Dollar.

   Kurswert am 10.12.2002 – 1 $ = 0,96 EUR

   Kurswert am 31.12.2002 – 1 $ = 0,98 EUR

   Kurswert am 10.01.2003 – 1 $ = 0,95 EUR

b. Der Bauunternehmer Werner Windig kauft in der Schweiz eine Betonmischmaschine.

   Am 15.12.2002 erfolgt die Lieferung. Der Rechnungsbetrag lautet auf 8.000,00 Franken plus Nebenkosten in Höhe von 1.500,00 Franken. Die Nebenkosten sind sofort bei Erhalt der Ware fällig.

   Kurswert am 10.12.2002 – 1 Franken = 0,60

   Kurswert am 31.12.2002 – 1 Franken = 0,56

   Kurswert am 10.01.2003 – 1 Franken = 0,62

Ergänzen Sie sinnvoll den folgenden Lückentext:

Fremdwährungsverbindlichkeiten werden auch .... genannt.

Sie sind immer mit den .... zu bewerten.

Bei Kursschwankungen ist am Bilanzstichtag der .... anzusetzen, wenn die Werterhöhung .... ist.

Beim Ausgleich der Verbindlichkeiten werden Kursschwankungen entweder über den .... oder über den .... ausgebucht

1.10.3 Grundwissen Kredite

Bitte ergänzen Sie:

Oft läßt es sich nicht vermeiden, bei größeren Anschaffungen oder Baumaßnahmen bei der Bank einen Kredit aufzunehmen.

Wir unterscheiden dabei je nach Laufzeit des Kredites in:

1. ____________________________

2.____________________________

3.____________________________

In der Regel wird die Bank keine hundertprozentige Auszahlung vornehmen. Es wird ein bestimmter Betrag von der Kreditsumme einbehalten.

Diese Differenz zwischen dem Rückzahlungsbetrag und dem Auszahlungsbetrag nennen wir:

1.____________________________

1.____________________________

3.____________________________

Erklären Sie mit Ihren eigenen Worten die Begriffe

1. Ratendarlehen:

2. Annuitätendarlehen:

3. Fälligkeitsdarlehen:

Erklären Sie bitte, warum der nicht ausgezahlte Betrag eines Darlehens nicht sofort in den Zinsaufwand gebucht werden darf.

Ergänzen Sie die Lücken im Text sinnvoll.

Die Bilanz erfaßt alle .... und .... periodengerecht.

Hingegen gilt bei der Gewinnermittlung nach § 4 Abs. 3, dass .... und .... gem. § 11 EStG.

1.10.4 Buchungen im Zusammenhang mit Darlehen

AP

a. Der Bauunternehmer August Anhalt nimmt am 01.05.2002 bei seiner Bank ein Darlehen in Höhe von 50.000,00 EUR auf. Das Darlehen hat eine Laufzeit von 10 Jahren und wird mit 5 % verzinst. Die Bank behält ein Damnum von 2 % ein. Die Zinsen sind jeweils nachträglich am 31.12. fällig. Die Tilgung erfolgt ebenfalls jährlich nachträglich zum 31.12. Zinsen und Tilgung werden per Bank ausgeglichen.

Bitte buchen Sie die Darlehensaufnahme.

Bitte buchen Sie zum 31.12.2002 Tilgung und Zinsen. Das Damnum wird linear abgeschrieben

Bitte buchen Sie zum 31.12.2003 Tilgung und Zinsen.

Mit welchem Wert steht das Damnum und das Darlehen jeweils am 31.12. in der Bilanz?

Berechnen Sie bitte die jährliche Abschreibung des Damnums zum 31.12.2002 und zum 31.12.2003, wenn Sie nach der arithmetisch-degressiven Methode rechnen würden

AP

b. Spirituosengroßhändler Franz Flüssig möchte eine größere Lagerhalle errichten. Hierzu benötigt er ein Darlehen von der Bank. Die Bank bewilligt das Darlehen zu folgenden Konditionen.

Darlehensbetrag 80.000,00 EUR am 01.07.2002 / Auszahlung zu 97 % / Zinssatz 4,5 % / Laufzeit 8 Jahre

Die Zinszahlung und die Tilgung erfolgt jeweils halbjährlich nachträglich per Bankeinzug.

Das Damnum wird linear abgeschrieben.

Bitte buchen Sie die Darlehensaufnahme.

Bitte buchen Sie zum 31.12.2002 Zinsen und Tilgung.

Bitte buchen Sie zum 31.12.2003 Zinsen und Tilgung.

Mit welchem Wert steht das Darlehen und das Damnum jeweils am 31.12. in der Bilanz?

Berechnen Sie bitte den jährlichen Abschreibungsbetrag des Damnums zum 31.12.02 und zum 31.12.03., wenn Sie nach der arithmetisch-degressiven Methode rechnen würden.

AP

c. Fabrikant Franz Faller nimmt am 30.11.2002 zur Anschaffung einer Maschinenanlage ein Darlehen (Laufzeit 5 Jahre) in Höhe von 150.000,00 EUR bei seiner Bank auf.

Die Darlehensbedingungen lauten: 5 % Disagio und 6 % Zins.

Bei der Überprüfung der Buchführung stellten Sie folgenden Sachverhalt fest:

Faller buchte die Aufnahme des Darlehens: 1200 (1800) an 0630 (3150)

1200 (1800) 150.000,00

0986 (1940) 7.500,00 an 0630 (3150)

Für Dezember bucht die Bank die Zinsen erst am 05.01.2003 ab.

Nehmen Sie alle erforderlichen Buchungen zum 31.12.2002 vor!

1.11 Sonderposten

1.11.1 Grundwissen Rücklagen für Ersatzbeschaffung

Ergänzen Sie die Lücken bitte sinnvoll.

Werden Wirtschaftsgüter des Anlage- oder Umlaufvermögens mit einem Gewinn veräußert, so erhöht sich der laufende Gewinn.

Hat der Steuerpflichtige keinen Einfluß auf das Ausscheiden des Wirtschaftsgutes z.B. durch ______________ oder durch einen ________________, so kann er für den entstandenen ________________ eine ________________ bilden.

Was verstehen Sie unter dem Begriff „höhere Gewalt"?

Was unter dem Begriff „behördlicher Eingriff"?

Wie ist in diesem Fall in der Handelsbilanz zu buchen?

1.11.2 Übungen Rücklage für Ersatzbeschaffung

a. Beim Bauunternehmer Xaver Windig wurde eine Baumaschine in Folge eines Sturmes am 30.09.2002 völlig zerstört.

Die Maschine wurde am 30.01.1998 für 80.000,00 EUR angeschafft. Nutzungsdauer 10 Jahre, lineare AfA. AP

Die Versicherung zahlt am 12.11.2002 eine Entschädigung in Höhe von 60.000,00 EUR.

Die Ersatzmaschine wird am 15.12.2002 für netto 90.000,00 EUR angeschafft. Ihre Nutzungsdauer beträgt 12 Jahre.

Buchen Sie bitte am 30.09. – 12.11. – 15.12. – und am 31.12. die höchstmögliche AfA.

b. Der Bauunternehmer Theo Anhalt hat einen ausgedehnten Maschinenpark. Am 30.04.2002 wird eine Baumaschine in Folge eines Brands unbrauchbar. Die Maschine hatte am 31.12.01 einen Buchwert von 40.000,00 EUR. Die jährliche lineare AfA beträgt 4.000,00 EUR.

AP

Die Maschine war mit 50.000,00 EUR versichert. Die Entschädigung geht am 03.06.2002 auf das Bankkonto ein.

Bis zum 31.12.2003 hat Herr Anhalt noch keine neue Maschine gekauft und auch nicht bestellt.

Bitte buchen Sie am 30.04. – 03.06. – 31.12.2003

1.11.3 Lückentext Rücklage gem. § 6b EStG

Welche Voraussetzungen müssen erfüllt sein, wenn der Steuerpflichtige eine Rücklage nach § 6b EStG bilden möchte?

Ergänzen Sie bitte die Lücken sinnvoll. Nehmen Sie das EStG zur Hilfe.

Die Gewinnermittlung muß nach den Vorschriften des § ____________ oder § ____________ erfolgen.

Das veräußerte ________________ muss vor seiner Veräußerung mindestens ________________________ zum Anlagevermögen einer ____________ ____________ gehört haben.

Die Bildung und ________________ der ______________ nach § 6b EStG muss in der Buchführung ______________ sein. (§ 6b Abs. 4 EStG)

Dies gilt auch für den ________________ nach § 6b Abs. 1 EStG.

1.11.4 Übung Rücklage gem. § 6b EStG

Bitte nehmen Sie alle erforderlichen Buchungen zum jeweiligen Zeitpunkt vor.

a. Zum Betriebsvermögen der Ria Balloni gehören drei unbebaute Betriebsgrundstücke. Das Grundstück an der Friedenstraße erwarb sie am 03.05.1990 für 150.00,00 EUR, das an der Kriegerstraße am 28.08.1969 für 180.000,00 EUR und das Grundstück in der Waldstraße am 01.04.1997 für 210.000,00 EUR. Ria stellt in ihrer Fabrik Luftballons her und ermittelt den Gewinn gem. § 5 EStG.

   Am 16.05.2002 verkauft Ria das Grundstück in der Kriegerstraße für 400.000,00 EUR. Nachdem ihr ein verlockendes Angebot unterbreitet wurde, erwirbt Ria am 1.10.2002 ein Grundstück in der Klostergasse für 700.000,00 EUR.

   Alle Käufe und Verkäufe werden über die Bank abgewickelt.

b. Das Grundstück in der Friedenstraße verkauft Ria am 24.06.2002 für 250.000,00 EUR. Am 10.08.2005 ersteht Ria das Grundstück in der Hauptstraße für 400.000,00 EUR.

c. Das am 01.04.1997 erworbene Grundstück in der Waldstraße veräußert Ria am 20.06.2002 für insgesamt 310.000,00 EUR. Noch am 30.09.2002 erwirbt Ria das Grundstück in der Sonnenstraße für 400.000,00 EUR.

1.12 Nicht abzugsfähige Betriebsausgaben

1.12.1 Grundwissen nichtsabzugsfähige BA

Wenn Sie den § 4 Abs. 1 EStG lesen, was stellen Sie fest?

Richtig:alle Aufwendungen, die durch den Betrieb veranlaßt sind, sind Betriebsausgaben.

Ganz so einfach ist es aber doch nicht.

Warum?

Nennen Sie bitte einige nicht abzugsfähige Betriebsausgaben.

1.______________________________

2.______________________________

3.______________________________

4.______________________________

5.______________________________

1.12.2 Buchung nicht abzugsfähiger Betriebsausgaben

Zu den folgenden Fällen bilden Sie bitte die entsprechenden Buchungssätze.

Begründen Sie bitte auch, wenn die Betriebsausgaben nicht abzugsfähig sind, warum das so ist.

a. Friseurmeisterin Lizzy Liebermann feiert ihr dreißigjähriges Geschäftsjubiläum im Mai 2002.

   Aus diesem Anlaß lädt Lizzy ihre vier Hauptlieferanten zu einem Abendessen in die Gaststätte „Zum goldenen Schwan“ ein. Der Rechnungsbetrag lautet insgesamt über 127,60 EUR.

b. Ihrer langjährigen Kundin Inge Jürgens schenkt Lizzy zu deren Geburtstag im September 2002 einen Bildband über San Francisco. Der Nettowert des Bandes beträgt 25,00 EUR.

c. Zu Weihnachten schenkt Lizzy Ihrer Kundin Iris Denver ein Haarspray Marke „Deluxe".

Sie entnimmt dieses Haarspray ihrem Warenlager. Nettowert 10,00 EUR .

d. Lizzy erwirbt ein Haarfrisierset von ihrem Lieferanten „Goldquell" im Werte von netto 80,00 EUR. Es ist in der Rechnung der letzten Warenlieferung vom 15.05.2002 enthalten. Lizzy überweist den gesamten Rechnungsbetrag von 348,00 EUR am 31.05.2002.

Dieses Set schenkt Lizzy ihrer Kundin Reni Burger zu ihrem runden Geburtstag.

e. Am 10.10.2002 lädt Lizzy ihre treuesten Kundinnen in das Nobel-Restaurant „Zum Kurfürst" zu einem Abendessen ein. Es entstehen Kosten in Höhe von 600,00 EUR netto.

Nach der allgemeinen Verkehrsauffassung sind Kosten in Höhe von 150,00 EUR (netto) als unangemessen anzusehen.

f. Im Dezember 2002 entnimmt Lizzy ihrem Warenlager Produkte in Höhe von 40,00 EUR netto und schenkt diese ihrer Kundin Helga Palmer. Lizzy bedankt sich damit bei Helga für ihrer lange Kundentreue.

g. Zu Weihnachten schenkt Lizzy ihrer Kundin Inge Jürgens (siehe b) ein exklusives Kochbuch. Sie erwarb dieses Buch in ihrer Buchhandlung. Nettowert 20,00 EUR.

1.12.3 Nicht abzugsfähige Betriebsausgaben Kontoabschluss

In der Regel schließen Sie alle Aufwandskonten über das Gewinn- und Verlustkonto ab. Die Aufwandskonten, die über das Gewinn- und Verlustkonto abgeschlossen werden, mindern jedoch den Gewinn. Doch dies ist ja gerade nicht zulässig!

Nennen Sie bitte die zwei Möglichkeiten wie das Konto „nicht abzugsfähige Betriebsausgaben" abgeschlossen werden kann, ohne dass es zu einer Gewinnminderung kommt.

Möglichkeit 1:

Möglichkeit 2:

1.12.4 Nicht abzugsfähige Betriebsausgaben - Arbeitszimmer

Lizzy bewohnt eine Wohnung, die direkt über ihrem Salon liegt. Die Nutzfläche beträgt 100 Quadratmeter.

Um die Buchführung für ihre Steuerberaterin vorzubereiten und ihre Bestellungen an die Lieferanten zu erledigen, hat Lizzy sich ein Arbeitszimmer in der Wohnung eingerichtet. Dieses hat eine Nutzfläche von 15 Quadratmetern.

Die monatliche Miete beträgt 800,00 EUR. An Nebenkosten fielen für das Jahr 2002 insgesamt 800,00 EUR an. Die Miete und die Nebenkosten werden vom Privatkonto abgebucht.

Bitte beurteilen Sie diesen Fall steuerlich.

1.13. Reisekosten

1.13.1 Grundwissen Reisekosten

Erklären Sie bitte mit Ihren eigenen Worten den Begriff „Geschäftsreise“

Hingegen handelt es sich um eine „Dienstreise“ wenn ein __________ __________ eine __________ ausübt.

Zu den Reisekosten die als Betriebsausgaben den Gewinn des Unternehmers mindern zählen:

1.______________________________
2.______________________________
3.______________________________
4.______________________________

Fahrtkosten können in tatsächlicher Höhe oder nach einem __________ __________ abgerechnet werden.

Je nach Fahrzeugart sind verschiedene Pauschbeträge anzusetzen. Nennen Sie bitte die aktuellen Werte.

1. Kraftwagen : __________ EUR
2. __________: __________ EUR
3. __________: __________ EUR
4. __________: __________ EUR

Nennen Sie bitte den Unterschied zwischen Dienstreise und Geschäftsreise bei der Abrechnung der Fahrtkosten.

1.13.2 Verpflegungsmehraufwendungen

Hier geht es um die Verpflegungsmehraufwendungen bei Geschäfts- und Dienstreisen.

Das kennen Sie ja jetzt schon: vergrößern, kopieren, ausschneiden und zu einer sinnvollen Aussage zusammen puzzeln – viel Spaß dabei.

ab 14 Stunden	24,00 ERU
bis 24 Stunden	ab 8 Stunden
eintägige	6,00 EUR
mehrtägige	12,00 EUR
bis 14 Stunden	Dienstreise
unter 8 Stunden	Diestreisen
ab 24 Stunden	0,00 EUR

Welche Beträge kommen für eine Geschäftsreise und welche für eine Dienstreise in Betracht?

Bei den Übernachtungskosten können Sie ansetzten:

bei einer Geschäftsreise:

bei einer Dienstreise:

Die Reisenebenkosten können Sie nur mit den __________ __________ ansetzen sowohl bei der __________ als auch bei der __________.

Wie gut, dass Sie mit der Umsatzsteuer keinerlei Probleme haben.

Seit dem 01.04.1999 sind gem. § 15 Abs. 1 a Nr. 2 UStG bestimmte Reisekosten vom Vorsteuerabzug ausgeschlossen.

Welche?

1.______________________________

2.______________________________

3.______________________________

Gilt dies nur für die Pauschalierung oder auch für den Einzelnachweis?

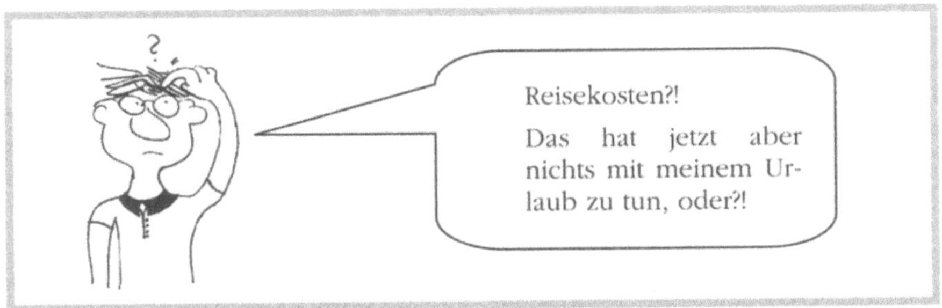

1.13.3 Buchungen zum Thema Reisekosten

Maria Koch führt seit Jahren in Ottobrunn bei München ihre Steuerkanzlei. Sie hat zwei Mitarbeiter: den Steuerfachangestellten Henning Loch und die Steuerfachangestellte Kirsten Molch.

Bilden Sie bitte zu den drei folgenden Fällen jeweils die Buchungssätze.

Sind tatsächliche Fahrtkosten angegeben, so buchen Sie bitte nach den Pauschalen und den tatsächlichen Kosten.

a. Am Montag den 06.05.2002 fährt Frau Koch mit ihrem eigenen Geschäftswagen nach Berlin zum Steuerberaterkongress. Der Geschäftswagen wird ausschließlich betrieblich genutzt.

   Entfernung Ottobrunn bei München – Berlin = 790 Km.

   Vom Hotel „Zum Hirsch“ erhält Maria eine Rechnung über 330,00 EUR für drei Übernachtungen mit Frühstück. Taxibeleg für die Fahrten vom Hotel zum Kongresszentrum: 42,80 EUR.

Am Montagabend trifft sich Maria mit einem zukünftigen Mandanten, der in München ein Geschäft übernehmen will. Zur Anbahnung ihrer Geschäftsbeziehungen lädt Maria den Mandanten ins Kabarett ein. Für die zwei Karten zahlte Maria 70,00 EUR incl. 7 % USt in bar.

Maria fuhr am Montag um 9.00 h nach Berlin und war am Donnerstag um 17.00 h wieder in Ottobrunn. An tatsächlichen Fahrtkosten durch den Geschäftswagen fielen 310,00 EUR an.

b. Im Juni 2002 fährt Henning Loch mit seinem eigenen PKW von der Kanzlei zu einem Mandanten nach Weilheim, um Abschlußunterlagen abzuholen. Henning fährt um 8.00 h von der Kanzlei los und ist gegen 15.30 h wieder in Ottobrunn. Die Entfernung Ottobrunn – Weilheim beträgt 75 Km.

Zur Mittagszeit speist Henning in der Gaststätte „ Zur Wildsau". Er legt einen Beleg über 12,50 EUR vor.

c. Im September 2002 erhält Kirsten Molch von Frau Koch den Auftrag, mit dem Geschäftswagen für zwei Tage nach Köln zu fahren. Dort soll sie beim Kollegen Steuerberater Edward Wohler die Unterlagen eines neuen Mandanten bearbeiten. Dieser Mandant zieht im Dezember nach München und Frau Koch übernimmt das Mandat. Der Kollege Wohler unterstützt Kirsten bei den Übernahmearbeiten.

Kirsten fährt insgesamt 1.600 Km. Von der Pension „Gartenlaube" legt sie einen Beleg über zwei Übernachtung ohne Frühstück über 135,00 EUR vor.

Kirsten fährt am 11.09.2002 um 9.00 h von Ottobrunn nach Köln und ist am 13.09.2002 gegen 15.00 h wieder zurück.

1.14 Buchungen im Zusammenhang mit Wechseln

Bei den Buchungen im Wechselverkehr ist grundsätzlich zwischen dem Besitzwechsel und dem Schuldwechsel zu unterscheiden. Weniger Schwierigkeiten wird Ihnen die Lösung der Aufgaben bereiten, wenn Sie sich vorstellen, dass anstatt des Wechsels Forderungen und Verbindlichkeiten stehen.

1.14.1 Grundwissen Wechsel

In den folgenden Fällen wird die Verbindlichkeite mit Wechsel bezahlt.

Betrachten Sie bitte sowohl Verkäufer als auch Käufer und entscheiden Sie, um welche Form des Wechsels es sich aus der jeweiligen Sicht handelt.

a. Großhändlerin Vreni Rother liefert Kleinmöbel an die Firma Halbstadt.

Vreni Rother:

Firma Halbstadt:

b. Unternehmer Uwe Ocker kauft bei seinem Lieferanten Freudental einen Warenposten ein.

Uwe Ocker :

Lieferant Freudental:

c. Unternehmer Hugo Halmer verkauft an die Firma Lober Damenoberbekleidung.

Hugo Halmer:

Firma Lober:

In der Buchführung ergeben sich Veränderungen durch die Ausstellung eines Wechsels ebenso wie durch das Akzept eines Wechsels. Welche?

beim Aussteller:

beim Bezogenen:

Nennen Sie bitte die drei Verwendungsmöglichkeiten, die der Inhaber eines Besitzwechsels hat.

1. ______________________________
2. ______________________________
3. ______________________________

1.14.2 Buchungen im Zusammenhang mit Wechseln

Buchen Sie bitte bei der folgenden Aufgabe sowohl aus der Sicht des Käufers, als auch aus der Sicht des Lieferanten.

Für den erhaltenen Großauftrag der Firma Wenders kauft Schreinermeister Herman Hurtig bei dem Holzgroßhändler Thomsen Buchenholz ein. Die Rechnung lautet: Warenwert 11.500,00 EUR plus 16 % USt.

AP Zum Ausgleich der Verbindlichkeit übersendet Herr Hurtig der Firma Thomsen einen Wechsel.

Großhändler Thomsen reicht den erhalten Wechsel bei seiner Bank ein.

Diese erstellt folgende Abrechnung:

Wechselsumme	13.330,00 EUR
- 6 % Zinsen bis zur Fälligkeit	121,00 EUR
- Spesen	35,00 EUR
Gutschrift	13.174,00 EUR

Die entstandenen Kosten werden an Hermann Hurtig weiterberechnet.

1.15 Buchungen im Zusammenhang mit Leasing

1.15.1 Grundwissen Leasing

Bevor Sie mit der Bearbeitung des folgenden Themas beginnen, noch einmal zur Vertiefung Ihres Wissens die Zuordnung der einzelnen Leasingarten.

Beschreiben Sie bitte kurz mit Ihren eigenen Worten die folgenden Leasingarten.

Finanzierungs- Leasing:

Investitionsgüter – Leasing:

Operating – Leasing:

Konsumgüter – Leasing

Ergänzen Sie die Lücken bitte sinnvoll.

Wird der Leasinggegenstand dem Leasinggeber zugeordnet, so hat dieser den Gegenstand mit den ____________ zu ________________________.

Die ____________ ist nach der betriebsgewöhnlichen Nutzungsdauer zu ______________ .

Der Eingang der Leasingrate vom Leasingnehmer ist beim Leasinggeber eine ______________.

Entsprechend ist die Leasingrate beim Leasingnehmer als ________________ zu behandeln.

Wird hingegen der Leasinggegenstand dem Leasingnehmer zugeordnet, dann muss dieser den ______________________ mit den ___________ bzw. ________ aktivieren und gleichzeitig in Höhe der AK/HK eine ________________ gegenüber dem ______________ passivieren.

Die AfA wird nach der ____________ ______________ berechnet und gewinnmindernd gebucht.

Die Leasingraten setzen sich zusammen aus einem Kostenanteil, einem ________________ und einem ______________________.

Der Kostenanteil und die Zinsen sind als sofort ______________ ________________ zu behandeln. Der Tilgungsanteil ist bei der ______________ __________ erfolgsneutral zu buchen.

Der Leasinggeber erfasst die AK/HK als ____________________ gegenüber dem Leasingnehmer. Die Leasingraten sind ebenso wie beim Leasingnehmer aufzuteilen in einen ________________, einen __________________ , und einen Tilgungsanteil.

Zuordnung des Leasinggegenstands:

Der Leasinggegenstand wird dem Leasingnehmer zugeordnet, wenn die Grundmietzeit weniger als ______________ oder mehr als ________________ der betriebsgewöhnlichen Nutzungsdauer des Gegenstandes beträgt und bei Vertragsabschluß keine Kauf- oder Verlängerungsoption vereinbart wurde.

1.15.2 Buchungen zum Thema Leasing

a. Schreinermeister Hermann Hurtig least bei der Maschinenfabrik Molte, Berlin, eine Hobelmaschine. Es wird vereinbart, dass während der Grundmietzeit von 36 Monaten eine Kündigung ausgeschlossen ist. Eine Verlängerungs- oder Kaufoption ist nicht vorgesehen.

   Die Maschine hat einen Anschaffungspreis von 15.000,00 EUR netto und eine betriebsgewöhnliche Nutzungsdauer von 5 Jahren. Das Investitionsrisiko trägt der Leasinggeber. Die monatliche Leasingrate beläuft sich auf 4.000,00 EUR netto. Die Zahlung erfolgt per Banküberweisung.

Buchung der Leasingrate bei Hermann (Leasingnehmer)

Buchung der Leasingrate bei der Firma Molte (Leasinggeber)

Um welche Leasingart handelt es sich hier?

Wem ist der Leasinggegenstand aus welchem Grund zuzuordnen?

b. Anton Anhalt, Bauunternehmer mietet bei der Bauland KG eine Betonmischmaschine.

   Die Grundmietzeit wird auf 36 Monate festgesetzt, beginnend am 02.01.2002. Während dieser Zeit ist eine Kündigung ausgeschlossen. Die Anschaffungskosten der Maschine betragen netto 60.000,00 EUR. Die Maschine hat eine gewöhnliche Nutzungsdauer von 4 Jahren. Sie ist linear abzuschreiben. Die Kosten für den Ersatz von Verschleißteilen und den Kundendienst übernimmt die Firma Bauland KG.

   Es wird eine Sonderzahlung von 3.000,00 EUR, fällig am 02.02.2002, vereinbart.

   Die Grundmiete beläuft sich auf jährlich 22.800,00 EUR plus 16 % USt.

   Nach Ablauf der Grundmietzeit besteht die Möglichkeit, die Mietzeit zu verlängern.

   In diesem Fall würde sich die jährliche Miete auf 12.000,00 EUR plus 16 % USt ermäßigen.

Bitte überprüfen Sie, um welche Leasingart es sich hier handelt.

Begründen Sie bitte Ihre Antwort.

Prüfen und begründen Sie bitte auch, wem der Leasinggegenstand zuzuordnen ist.

Wie würden Sie den Fall beurteilen, wenn nach Ablauf der Grundmietzeit keine Kauf- und Mietverlängerungsoption vereinbart ist?

1.16 Umfassende Erfolgskontrollen

Bisher haben Sie immer ein spezielles Aufgabengebiet bearbeitet. Hier finden Sie eine gemischte Aufgabe wie sie in der Praxis vorkommt.

1.16.1 Praxisfall Andrea Kornfeld

Ihre Mandantin Andrea Kornfeld legt Ihnen folgende Geschäftsvorfälle des Monats Dezember 2002 vor. Bitte buchen Sie bis einschließlich 31.12.2002.

a. Eine Warenlieferung aus dem Monat November wird am 05.12.2002 per Bankscheck unter Abzug von 2 % Skonto ausgeglichen. Warenwert netto: 6.500,00 EUR.

b. Frau Kornfeld ist am 15.12.2002 zu einer festlichen Familienfeier eingeladen. Sie entnimmt ihrem Warenlager ein Kleid. Ihr Lieferer hatte beim Kauf der Waren pro Kleid 110,00 EUR netto in Rechnung gestellt. Heute müsste Frau Kornfeld für das Kleid im Einkauf 120,00 EUR netto bezahlen.

c. Am 19.12.2002 geht eine größere Warenlieferung ein. Die Rechnung ist über einen Warenwert von 8.000,00 EUR plus 16 % Umsatzsteuer ausgestellt.

d. Um noch die letzten Weihnachtsgeschenke für die Familie einkaufen zu können, entnimmt Frau Kornfeld am 20.12.2002 ihrer Geschäftskasse 130,00 EUR.

e. Die am 19.12.2002 eingegangene Ware ist zum Teil fehlerhaft. Frau Kornfeld sendet deshalb ein Viertel der Warenlieferung wieder zurück. Am 28.12.2002 erhält sie hierüber eine Gutschrift.

f. Die Miete für ihre Geschäftsräume wird am 01.12.2002 von ihrem Bankkonto abgebucht. Die Miete ist jeweils für drei Monate im Voraus fällig. Der monatliche Mietzins beträgt 600,00 EUR.

g. Frau Kornfeld bestellt bei ihrem Lieferer einen größeren Posten Ware. Sie erhält eine Anzahlungsrechnung:

Anzahlung über eine Warenlieferung 5.000,00 EUR plus 16 % Umsatzsteuer 800,00 EUR = Gesamtbetrag 5.800,00 EUR. Sie überweist den Rechnungsbetrag am 20.12.2002.

h. Frau Kornfeld schaffte am 15.06.2002 einen Geschäftswagen an. Der Wagen wird von ihr ausschließlich geschäftlich genutzt. Der Anschaffungspreis belief sich auf 20.000,00 EUR netto. Der Wagen hat eine Nutzungsdauer von sechs Jahren.

i. Am 01.12.2002 überweist Karola die Kfz-Steuer von ihrem Bankkonto. Die Kfz-Steuer wird für ein ganzes Jahr erhoben und beträgt 1.200,00 EUR.

j. Die Büroeinrichtung wird linear abgeschrieben. Anschaffungszeitpunkt war der 30.04.1998.

   Karola zahlte für die Büroeinrichtung 5.000,00 EUR. Die Nutzungsdauer der Büroeinrichtung beträgt 10 Jahre.

k. Am 10.01.2003 erhält Karola die Rechnung vom Schreinermeister Hurtig. Hurtig hatte am 19.12.2002 neue Regale für die Geschäftsräume geliefert und eingebaut. Die Rechnung lautet:

   Lieferung und Einbau von sechs Regalen netto 600,00 EUR plus 16 % Umsatzsteuer 96,00 EUR.

   Die Nutzungsdauer der Regale beträgt 10 Jahre.

l. Am 23.12.2002 kleidete Ina von Höhenflug sich bei Frau Kornfeld ein.

   Ina kaufte Waren im Wert von 1.500,00 EUR plus 16 % Umsatzsteuer.

   Die Rechnung gleicht Ina wie vereinbart am 21.01.2003 per Banküberweisung aus.

m. Frau Kornfeld hat die Löhne ihrer Mitarbeiterinnen noch nicht gebucht. Die Verkäuferin Lisa erhält einen Bruttolohn von 1.950,00 EUR. Sie bekommt von Frau Kornfeld als Weihnachtsgeschenk am 24.12.2002 einen Blumenstrauß geschenkt. Der Blumenstrauß kostet 20,00 EUR. Die Verkäuferinnen Elsi und Ursula erhalten einen Bruttolohn von je 2.100,00 EUR.

   Elsi erhält als Weihnachtspräsent von Frau Kornfeld einen Kunstkalender überreicht. Wert des Kalenders brutto 30,00 EUR. Ursula freut sich über das Maniküreset. Für dieses Weihnachtsgeschenk zahlte Frau Kornfeld 65,00 EUR.
   Alles drei Mitarbeiterinnen sind in der Lohnsteuerklasse I. Krankenkassenbeitrag 14 %.
   An Lohnsteuer, Solidaritäszuschlag und Kirchensteuer sind folgende Beträge einzubehalten: Für Lisa insgesamt 315,89 EUR , für Elsi insgesamt 366,50 EUR und für Ursula insgesamt 387,21 EUR.

Fassen Sie bitte alle Löhne zusammen und buchen dann per 31.12.2002 insgesamt.

1.16.2 Praxisfall Isolde Hohenstein

Isolde Hohenstein handelt als Großhändlerin mit exotischem Schmuck.

Die laufenden Geschäftsvorfälle sind bis einschließlich 31.12.2002 erfasst.

Entscheiden Sie bitte in den folgenden Fällen ob eine Abschlussbuchung per 31.12.2002 vorzunehmen ist. Wenn Sie dies bejahen, bilden Sie bitte den Buchungssatz dazu.

a. Gegen den Kunden Wohlfeil besteht eine Forderung in Höhe von 788,80 EUR. Herr Wohlfeil gleicht seine Rechnungen stets unter Abzug von 2 % Skonto aus.

b. Im Betriebsvermögen befinden sich 150 Aktien der Wertkauf AG. Am 31.12.2001 wurden diese Aktien mit 7.500,00 EUR bewertet.

   Am Bilanzstichtag 31.12.2002 haben die Aktien einen Kurswert von 40,00 EUR pro Stück.

   Es ist auf Grund der schlechten Auftragslage der Wertkauf AG nicht mehr damit zu rechnen, dass der Kurs wieder ansteigen wird. Es ist davon auszugehen, dass der Kurs weiter und zwar dauerhaft sinkt.

c. Isolde nahm im Jahre 1999 bei Ihrer Bank ein Darlehen auf um die Geschäftsräume zu modernisieren. Die Darlehenssumme wurde 1999 zu 98 % ausgezahlt. Auf dem betrieblichen Konto wurden 29.400,00 EUR gutgeschreiben. Das einbehaltene Damnum in Höhe von 600,00 EUR wurde über das Rechnungabgrenzungskonto 0986 (1940) gebucht.

   Auf das Jahr 2002 entfallen Zinsen in Höhe von 100,00 EUR.

d. Die Miete für die Geschäftsräume ist vierteljährlich im Voraus fällig. Am 01.12.2002 wurden 2.100,00 EUR vom Bankkonto abgebucht. Die Gegenbuchung erfolgte auf dem Konto Miete.

e. Gegen den Kunden Erich Helmer besteht eine Forderung in Höhe von 510,40 EUR. Diese Forderung ist zweifelhaft geworden.

f. In ihrer privaten Wohnung hat Isolde sich ein Arbeitszimmer eingerichtet. Sie erledigt hier am Wochenende ihre Büroarbeiten. Das Arbeitszimmer ist vom Finanzamt anerkannt.

   Die Wohnung hat eine gesamte Nutzungsfläche von 125 Quadratmeter. Das Arbeitszimmer hat eine Nutzfläche von 20 Quadratmeter. Die monatliche Miete beträgt 860,00 EUR. Die Nebenkosten beliefen sich für das Jahr 2002 auf insgesamt 950,00 EUR.

   Eine Buchung erfolgte bisher nicht.

g. Auf dem Konto Bewirtungsaufwendungen 4650 (6640) steht ein Saldo von 3.000,00 EUR. Die jeweiligen Bewirtungskosten waren angemessen. Es liegen ordnungsmäßige Rechnungen vor. Die Bewirtungskosten und die darauf entfallene Vorsteuer wurden jeweils zu hundert Prozent als Betriebsausgabe gebucht.

h. In der Bilanz per 31.12.2001 steht auf dem Konto 0932 (2982) Sonderposten mit Rücklageanteil nach R 35 EStR ein Betrag von 15.000,00 EUR. Dieser Posten resultiert aus dem Vorgang im Jahre 2001. Durch einen Hochwasserschaden wurde der betriebliche LKW völlig zerstört. Die Versicherung zahlte die Entschädigung.

   Am 15.12.2002 kauft Isolde einen neuen Lkw. Die Rechnung lautet über 40.000,00 EUR plus 16 % Umsatzsteuer. Die Rechnung wurde ordnungsgemäß verbucht. Die Nutzungsdauer des Lkw beträgt fünf Jahre.

i. Gegen den Kunden Tobias Wenner besteht eine Forderung in Höhe von 394,40 EUR. Diese Forderung ist zweifelhaft geworden und bereits entsprechend umgebucht wurden. Es wird mit einem Ausfall von 50% gerechnet.

j. Die Gehaltsabrechnung ihres Angestellten Hugo Sommer für den Monat Dezember 2002 ist noch nicht gebucht worden.

   Hugo erhält ein Bruttogehalt von monatlich 2.100,00 EUR. Die Abzüge für Lohnsteuer, Kirchensteuer und Solidaritäszuschlag betragen 366,50 EUR. Sein Anteil an der Sozialversicherung beträgt 433,65 EUR.

k. Isolde errechnet einen Bestand an einwandfreien Forderungen am 31.12.2002 in Höhe von 16.240,00 EUR. Am 31.12.2001 wurden 18.560,00 EUR bilanziert.

   Die Pauschalwertberichtigung ist erfahrungsgemäß mit 1 % zu erfassen.

l. Einem langjährigen Geschäftsfreund gewährte Isolde ein Darlehen. Die Zinsen sind halbjährlich fällig. Für die Zeit vom 01.07.2002 bis 31.12.2002 fallen Zinsen in Höhe von 500,00 EUR an. Dieser Betrag wird am 11.01.2003 dem Bankkonto gutgeschrieben.

m. Der ausschließlich betrieblich genutzte Pkw wurde am 28.06.2000 angeschafft. Die Nutzungsdauer beträgt fünf Jahre. Die Abschreibung wurde gemäß § 7 Absatz 2 EStG vorgenommen. Der Buchwert zum 31.12.2001 betrug 14.000,00 EUR.

n. Am 31.12.2002 entnimmt Isolde ihrem Warenlager eine Kette. Diese will sie ihrer Freundin Michaela auf der Sylvesterparty schenken. Beim Einkauf im August berechnete der Lieferant 120,00 EUR plus 16 % Umsatzsteuer. Isolde bietet Ihren Kunden diese Kette für netto 195,00 EUR an. Der Angebotsliste ihres Lieferanten entnimmt sie, dass der Einkaufpreis dieser Kette im Dezember bei netto 130,00 EUR liegt. Dieser Vorgang ist noch nicht erfasst.

1.16.3 Kompakte Abschlussklausur

In dieser kompakten Übung sind so gut wie alle Themenkreise berücksichtigt. Sie haben jetzt die Möglichkeit durch diese Aufgabe eventuelle Lücken aufzudecken. Wir empfehlen Ihnen, noch einmal zu den Übungen zurückzukehren, bei denen noch Unsicherheit herrscht. Also ist diese Klausur eine ideale Möglichkeit, die abschließende Sicherheit zum Bestehen der Prüfung zu erreichen.

Wir wünschen Ihnen viel Spaß bei der Bearbeitung der Aufgabe und natürlich viel Erfolg.

Fall 1:

Ihr Mandant Werner Gauter, Bad Reichenhall, handelt mit Uhren und Schmuck. Er verfügt über eine gültige deutsche USt-ID-Nummer.
Buchen Sie bitte folgende Geschäftsvorfälle.

a. Barverkauf einer Kette an eine holländische Touristin. Rechnungspreis 174,00 EUR.

b. Herr Gauter erhält eine Warenlieferung aus Korea. Der Warenwert beträgt 1.680,00 EUR. Die Lieferung erfolgte verzollt und versteuert.

c. Herr Gauter liefert Uhren an einen Großhändler in Dänemark (USt-ID-Nr. vorhanden). Der Warenwert beträgt 790,00 EUR.

d. Goldketten bezieht Herr Gauter von einem Unternehmer mit USt-ID-Nr. aus Schweden. Der Warenwert beträgt 500,00 EUR.

e. Die Ausgangsrechnung an einen Einzelhändler in Hannover lautet:

Schmuck	600,00 Euro
Versandkosten	30,00 Euro
Summe	630,00 Euro
16 % Umsatzsteuer	100,80 Euro
Rechnungsbetrag	730,80 Euro

Fall 2:

Der Möbelschreiner Lindwurm zahlt an seinen Gesellen durch Banküberweisung folgendes Gehalt:

Bruttoarbeitslohn	2.800,00 Euro
LSt, KiSt, SolZ	615,70 Euro
AN-Anteil zur Sozialversicherung	578,20 Euro

Mit dem Nettolohn wurde die Miete für die Werkswohnung in Höhe von 600,- EUR verrechnet.

Bitte buchen Sie die Gehaltsabrechnung.

Fall 3:

Der Arbeitnehmer Werner Tanner hat geheiratet. Zu seinem regulären Bruttogehalt von 3.500,00 EUR schenkt ihm sein Arbeitgeber aus diesem Anlass 350,00 EUR. Die Abzüge betragen:

Lohnsteuer 557,58 EUR, Kirchensteuer 44,60 EUR, Solidaritätszuschlag 30,67 EUR, Sozialversicherung insgesamt 41,30 %.

Erstellen Sie bitte die Gehaltsabrechnung.

Buchen Sie bitte die Gehaltsabrechnung. Das Gehalt wird per Bank überwiesen.

Fall 4:

Zur bestandenen Prüfung schenkt ein Arbeitgeber seinem Auszubildenden ein Buch. Den Betrag von 32,10 EUR hat der Arbeitgeber bar aus seiner privaten Geldbörse gezahlt.

Fall 5:

Auf dem Konto Forderungen steht bei einem Mandanten am 31.12.2002 der Betrag von 348.000,00 EUR.

Darin befindet sich eine Forderung an den Kunden Werner in Höhe von 13.920,00 EUR. Gegen den Kunden Werner wurde völlig überraschend am 24.11.2002 das Insolvenzverfahren mangels Masse abgelehnt.

Ebenfalls enthalten ist eine Forderung an den Kunden Strauch in Höhe von 16.820,00 EUR. Diese Forderung ist zweifelhaft geworden. Es erfolgt eine Einzelwertberichtigung mit 30%.

Für die restlichen Forderungen ist mit einem Ausfall von 2 % zu rechnen.

Für das Wirtschaftsjahr 2001 war eine Pauschalwertberichtigung von 7.424,00 EUR gebildet worden.

Buchen Sie bitte auf Grund der Ablehnung des Insolvenzverfahrens des Kunden Werner.

Wie lautet die Buchung der Einzelwertberichtigung der Forderung an den Kunden Strauch?

Berechnen Sie bitte die Pauschalwertberichtigung und buchen nach der Auflösungs- und Anpassungsmethode.

Fall 6:

Der überraschende Eingang einer bereits in 2000 abgeschriebenen Forderung in Höhe von 5.800,00 EUR auf dem betrieblichen Bankkonto ist noch nicht gebucht.

Fall 7:

Ein Mandant hat am 20.10.2002 Waren in den USA für 40.000,00 Dollar gekauft. Zahlungsziel sind drei Monate. Kurs beim Kauf der Waren 1 $ = 0,90 EUR. Die Eingangsrechnung ist ordnungsgemäß verbucht.

Der Kurs am 31.12.2002 lautet 1 $ = 0,95 Euro.

Mit welchem Wert wären die Verbindlichkeiten zu bewerten, wenn der $ Kurs am 31.12.2002 auf 0,85 Euro gefallen wäre?

Der Kurs am 20.01.2003 liegt bei 1 $ = 0,98 Euro.

Fall 8:

Der Unternehmer Hans Bär hat für das Jahr 2001 eine Gewerbesteuerrückstellung in Höhe von 9.200,00 EUR gebildet. Hans Bär erhält am 15. Dezember 2002 den Gewerbesteuerbescheid für das Jahr 2001.

Die Abschlusszahlung beträgt 8.200,00 EUR. Der fällige Betrag wird von Hans am 14. Januar 2003 per Bank überwiesen.

Wie lautet die Buchung am 15. Dezember 2002?

Fall 9:

Der Unternehmer Schneider hat am 01. Dezember 2002 Geschäftsräume für monatlich 1.000,00 EUR plus Umsatzsteuer gemietet. Die Miete wird laut Mietvertrag im Voraus halbjährlich überwiesen. Eine Rechnung i.S. § 14 UStG liegt vor.

Wie muss Schneider am 01. Dezember 2002 buchen?

Wie lautet die Buchung am 31 Dezember 2002?

Fall 10:

Die Firma Heinz Hoffmann kauft am 01. April 2002 (Übergang von Besitz, Nutzen und Lasten) ein neu erstelltes Bürogebäude. Der Kaufpreis beträgt 500.000,00 EUR. Das Gebäude wird zu 100 % eigenbetrieblich genutzt. Vom Kaufpreis entfallen 40 % auf den Grund und Boden.

Zur Finanzierung nimmt Heinz Hoffmann bei seiner Bank ein Darlehen auf. Das Darlehen wird durch eine Grundschuld in Höhe von 350.000,00 EUR abgesichert. Die Auszahlung erfolgt zu 95 %, der Zinssatz liegt bei 5 %.

Das Darlehen hat eine Laufzeit von 10 Jahren.

Buchen Sie bitte die Aufnahme des Darlehens.

Buchen Sie bitte die Anschaffung des Grundstücks. Der Kaufpreis wurde durch Banküberweisung ausgeglichen.

Die Grunderwerbsteuer in Höhe von 3,5 % wird durch Bankscheck bezahlt.

Die Notarkosten für den Kaufpreis in Höhe von 5.000,00 EUR plus Umsatzsteuer und für die Eintragung der Grundschuld in Höhe von 1.500,00 EUR plus Umsatzsteuer werden ebenfalls über das betriebliche Bankkonto abgerechnet.

Die Kosten für die Eintragung im Grundbuch in Höhe von 1.750,00 EUR und der Grundschuld in Höhe von 500,00 EUR sind noch offen.

Buchen Sie auch die AfA zum 31.12.2002.

Fall 11:

Ingo Wollner betreibt in Nürnberg ein Sportartikelgeschäft. Folgende Geschäftsvorfälle wurden noch nicht gebucht:

a. Ingo kauft am 02. Oktober 2002 einen Geschäftswagen für 23.200,00 EUR (Rechnungsbetrag). Der Geschäftswagen wird ausschließlich betrieblich genutzt.

Bitte buchen Sie den Kauf des PKW (Zielkauf) am 02. Oktober 2002.

b. Den gebrauchten PKW verkauft Ingo am 30. September für 4.000,00 EUR plus Umsatzsteuer bar. Der Buchwert am 30. September betrug 3.000,00 EUR.

Bitte buchen Sie den Verkauf.

c. Der neue Pkw hat eine betriebsgewöhnliche Nutzungsdauer von 5 Jahren.

Buchen Sie bitte die AfA.

Fall 12:

Alex Zander nutzt seinen betrieblichen PKW auch privat. Laut Fahrtenbuch ist die private Nutzung mit 25 % zu berechnen. Das Fahrzeug wurde am 07.02.1999 angeschafft.

Folgende Kosten wurden im Jahre 2002 gebucht.

Benzin	2.500,00 EUR	
Reparaturen	800,00 EUR	
Kfz- Versicherung	700,00 EUR	
Kfz- Steuer	500,00 EUR	
AfA (AK mit VoSt- Abzug)	4.000,00 EUR	Kosten insgesamt = 8.500,00 EUR

Berechnen und buchen Sie bitte die private Nutzung.

Fall 13:

Bruno Baier nutzt seinen betrieblichen PKW auch für private Zwecke. Der PKW wurde am 15. Mai 2001 angeschafft. Der Bruttolistenpreis belief sich zu diesem Zeitpunkt auf umgerechnet 30.000,00 EUR.

Die einfache Entfernung von seiner Wohnung zur Betriebsstätte beträgt 8 Km. Bruno fuhr im Jahr 2002 an 228 Tagen zur Betriebsstätte. Ein Fahrtenbuch führt Bruno nicht.

Berechnen und buchen Sie bitte die private Nutzung.

Fall 14:

Unternehmer Herbert Hensel kauft am 01. November 2002 einen Schreibtisch für 500,00 EUR netto gegen Bankscheck. Der Schreibtisch hat einige kräftige Kratzer. Herbert reklamiert dies bei seinem Lieferanten.

Der Lieferant erkennt die Mängel an. Am 15. November 2002 überweist er auf das Bankkonto von Herbert den Gutschriftsbetrag von 110,20 EUR.

Buchen Sie bitte den Kauf am 01. November 2002.

Buchen Sie bitte den Preisnachlass am 15. November 2002.

Buchen Sie bitte auch die höchstmögliche AfA für das Jahr 2002.

Fall 15:

Die Buchhändlerin Silvia Maus überweist folgende Beträge von ihrem betrieblichen Konto an das Finanzamt.

Kfz- Steuer für den betrieblichen PKW	380,00 EUR
Einkommensteuervorauszahlung 2003	1.400,00 EUR
einbehaltene Lohnsteuer Januar 2003	420,00 EUR

Buchen Sie bitte die Zahlungen.

Fall 16:

Silvia Maus (Fall 15) entnimmt ihrem Warenlager Bücher für private Zwecke.

Beim Einkauf der Bücher lag der Einkaufsnettopreis bei 120,00 EUR.

Der Bruttoladenverkaufspreis beträgt 160,00 EUR.

Der Wiederbeschaffungspreis im Zeitpunkt der Entnahme liegt bei 125,00 EUR.

Buchen Sie bitte die Entnahme.

RAUM FÜR EIGENE NOTIZEN:

GEWINNERMITTLUNG § 4 Abs. 3 EStG

2. Gewinnermittlung §4(3)EStG

Die Gewinnermittlung gem. § 4(3) EStG ist nicht nur ein wichtiger Teilbereich in Ihrer Abschlussprüfung, sondern auch im Kanzleialltag weit verbreitet. Gute Fachkenntnisse auf diesem Gebiet sind also in jedem Fall unerlässlich.

2.1 Grundlagen

2.1.1 Berechtigter Personenkreis

Dürfen die folgenden Personen ihren Gewinn nach § 4(3) EStG durch Überschussrechnung ermitteln?

Begründen Sie Ihr Ergebnis.

a. Dr. Heinz Holzhacker betreibt seit 1999 in Hannover eine Facharztpraxis für Orthopädie. Bei Umsätzen von 510.000 EUR erzielt er Gewinne in Höhe von 85.000 EUR.

b. Benno Bleifuss ist Inhaber der in Bremen gelegenen Kfz-Werkstatt „Bleifuss e. K." Seine Umsätze betragen 80.000 EUR, seine Gewinne liegen zwischen 22.000,- EUR und 24.500 EUR.

c. Frau Liesel Strick führt in Stuttgart ein kleines Handarbeitsfachgeschäft. Sie benötigt keinen in kaufmännischer Art und Weise eingerichteten Geschäftsbetrieb. Die Umsätze liegen bei 45.000 EUR, der Gewinn bei 19.000 EUR.

d. Die beiden Steuerberater Stefan Schlau und Franz Fuchs haben die Berliner Steuerberatungs- GmbH gegründet. Ihre Umsätze betragen 300.000 EUR, der Gewinn 95.000 EUR.

e. Unternehmensberater Martin Müller betreibt in Mannheim sein Büro mit einer Teilzeitkraft. Er benötigt keinen nach kaufmännischer Art und Weise eingerichteten Geschäftsbetrieb. Seine Umsätze liegen bei 350.000 EUR, der Gewinn bei 85.000 EUR.

2.1.2 Verständnisfragen

Welche Aussage ist jeweils vollständig richtig?

Umsatzsteuer und Vorsteuer wirken sich bei der Gewinnermittlung nach § 4(3) EStG

- grundsätzlich nicht gewinnwirksam aus
- gewinnbeeinflussend aus.

Rückstellungen und Rechnungsabgrenzungsposten

- werden in der Gewinnermittlung gem. § 4(3) EStG gebildet, wenn die Voraussetzungen dafür gegeben sind.
- gibt es in der Gewinnermittlung gem. § 4(3) EStG nur in Form von aktiven und passiven RAP
- kommen in der Gewinnermittlung gem. § 4(3) grundsätzlich nicht vor.

Der § 11 EStG

- regelt nur das Zufluss-/Abflussprinzip der Überschusseinkünfte
- regelt auch die zeitliche Zurechung von Betriebsausgaben und –einnahmen, die zeitnah um den Abschlusszeitpunkt erfolgen und ist daher für die Gewinnermittlung gem. § 4(3) EStG von erheblicher Bedeutung.
- betrifft die zeitliche Zurechnung von Betriebsausgaben, die 10 Tage vor oder nach dem Abschlusszeitpunkt geleistet werden

Einkauf von Ware wirkt sich bei der Gewinnermittlung nach § 4(3) EStG

- als Wareneinsatz gewinnmindernd aus
- im Zeitpunkt der Zahlung gewinnmindernd aus
- sobald die ordnungsgemäße Rechnung vorliegt gewinnmindernd aus.

Bei der Gewinnermittlung nach § 4(3) EStG

- werden nur die Betriebseinnahmen und –ausgaben aufgezeichnet
- ist zusätzlich zu den Aufzeichnungen über Betriebseinnahmen und Betriebsausgaben ein Inventarverzeichnis zu führen. ,
- ist zusätzlich zu den Aufzeichnungen über Betriebseinnahmen und Betriebsausgaben eine jährliche Inventur zu machen.

2.1.3 Betriebsausgaben

Ein Unternehmer ermittelt seinen Gewinn zulässigerweise nach § 4(3) EStG. Unterscheiden Sie folgende Ausgaben, die im Monat Dezember des Geschäftsjahres angefallen sind, nach den Gesichtspunkten:

- Sofort abzugsfähige Betriebsausgabe im Dezember des GJ

- Nicht sofort abzugsfähige Betriebsausgabe

- Keine Betriebsausgabe

1. Teilzahlung für Ware, die im Februar des Folgejahres geliefert wird.
2. Die Forderung an den Kunden Lump wird in Höhe von 450,- EUR voll uneinbringlich.
3. Umsatzsteuer-Vorauszahlung für November.
4. Zahlung für einen neuen Bürostuhl in Höhe von 410,- EUR netto.
5. Zahlung einer neuen Maschine, die ab Dezember genutzt wird i.H.v. 12.000 EUR.
6. Für die Finanzierung der Maschine wurde am 01.12. ein Darlehen zu folgenden Bedingungen aufgenommen: Darlehensbetrag 12.500,- EUR, Disagio 4%, 6% Zinsen fällig nachträglich zum Monatsletzten, monatlicher Tilgungsbetrag 300,-. EUR Am 03. Januar des Folgejahres wird abgebucht: Zins + Tilgung Dezember 362,50 EUR.
7. Entnahme aus der Kasse für private Zwecke 20,- EUR.
8. Im Laden wurde Ware für 210,- EUR gestohlen. Der Dieb konnte nicht ermittelt werden.
9. Anschaffung eines unbebauten Grundstückes für betriebliche Zwecke. Kosten insgesamt 30.000,- EUR.
10. Geburtstagsgeschenk an einen Geschäftsfreund für 50,- EUR incl. 16 % USt.
11. Am 27.12. wird die Miete für eine Lagerhalle für Januar des Folgejahres auf dem betrieblichen Konto abgebucht. (Fällig immer zum 01. des Monats im Voraus.
12. Ein Wirtschaftsgut mit einem Restbuchwert von 1,- EUR wird per 31.12. verschrottet.

2.1.4 Betriebseinnahmen

Bitte beurteilen Sie die folgenden Sachverhalte. Entscheiden Sie, ob es sich um Betriebseinnahmen im Sinne des § 4(3) EStG handelt und welchem Jahr sie dann zugerechnet werden.

Schreibwarenhändlerin Emma Ernst aus Essen ermittelt ihren Gewinn nach § 4(3) EStG.

1. Am 04. Januar 2002 wurde ein Betrag von 10.000,- auf ihrem Geschäftskonto gutgeschrieben. Es handelt sich um die Rückzahlung eines Darlehens, das Emma vor 5 Jahren einem befreundeten Jungunternehmer gewährt hat.
2. Am 27.12.2002 erhält Emma eine Bar-Anzahlung in Höhe von 2.000,- von einer Schule, die eine Großbestellung Büromaterial betrifft. Das Material wird nach den Weihnachtsferien am 7.1.2003 abgeholt und der Restbetrag von 300,- in bar bezahlt.
3. Emma hat die zu ihrem Betriebsvermögen gehörende Garage als Lagerraum an einen anderen Unternehmer vermietet. Die am 31.12.2002 fällige Miete Dezember 2002 von 150,- geht am 8. Januar 2003 auf dem Konto ein.
4. Am 7. Januar 2003 erhält Emma einen Scheck von einem Lieferanten über 580,- Euro incl. 16% USt als „Bonus“ für in 2002 abgenommene Waren. Die Zahlung erfolgt freiwillig ohne Rechtsanspruch an den Lieferanten.
5. Am 2.Januar 2003 bezahlt eine Kundin 30,- für Waren, die sie bereits am 27.12.2002 mitgenommen hatte.
6. Am 15.10.2002 erhielt Frau Ernst eine Gutschrift von ihrem Finanzamt. Bei der Betriebsprüfung der Jahre 1999-2001 wurde zwei Sachverhalte zu ihren Gunsten berichtigt: Erstattung USt 250,- und ESt 324,-.
7. Am 15. Januar 2003 schreibt das Finanzamt das USt-Guthaben lt. Voranmeldung Dezember 2002 in Höhe von 125,- auf dem Geschäftskonto gut.
8. Frau Ernst entnimmt ihrem privaten Geldbeutel am 23.12.2002 einen Betrag von 50,- und legt ihn als Wechselgeld in die Geschäftskasse ein.
9. Am 31.12.2002 übergibt ein Kunde Emma einen Scheck über 350,- incl. USt. Sie bringt den Scheck am 2.1.03 zur Bank, die Gutschrift erfolgt mit Wert 5.1.03.

2.2 Gewinnermittlung § 4(3) EStG durchführen

Die Gewinnermittlung gem. § 4(3) EStG wird immer im Zusammenhang mit bestimmten Unternehmensformen abgeprüft. Bevor Sie anfangen, frisch und munter die Aufgabenpunkte zu bearbeiten, sollten Sie sich ein paar Gedanken zur Aufgabenstellung machen. Diese folgende Checkliste kann Ihnen helfen.

2.2.1 Hilfreiche Checkliste

Erzielt der Unternehmer nur umsatzsteuerfreie Umsätze?

Z. B. ein Arzt oder ein anderer Heilberuf, notfalls siehe § 4 Nr. 8-28 UStG. Manchmal wird Ihnen auch ein Kleinunternehmer vorgesetzt.

Das hat Auswirkungen auf die AfA-Bemessungsgrundlagen (brutto!),die GWG-Grenze liegt dann bei 475,60 Euro und Sie dürfen natürlich weder Vorsteuer noch Umsatzsteuer berücksichtigen.

Erzielt der Unternehmer nur umsatzsteuerpflichtige Umsätze?

Dann müssen Sie auf die umsatzsteuerlichen Besonderheiten der Gewinnermittlung gem. § 4(3) EStG achten: vereinnahmte Umsatzsteuer ist eine Betriebseinnahme, verausgabte Vorsteuer Betriebsausgabe. Ebenso Umsatzsteuererstattungen oder –nachzahlungen ans Finanzamt. Die AfA-Bemessungsgrundlagen sind Netto-Beträge, GWG Obergrenze ist 410,- Euro.

Gemein sind Mischfälle. Die kommen aber eher im „richtigen Leben“ vor, als in Prüfungen.

Welches Abschlussdatum sollen Sie bearbeiten?

Machen Sie sich das unbedingt klar, sonst passieren leicht Missverständnisse.

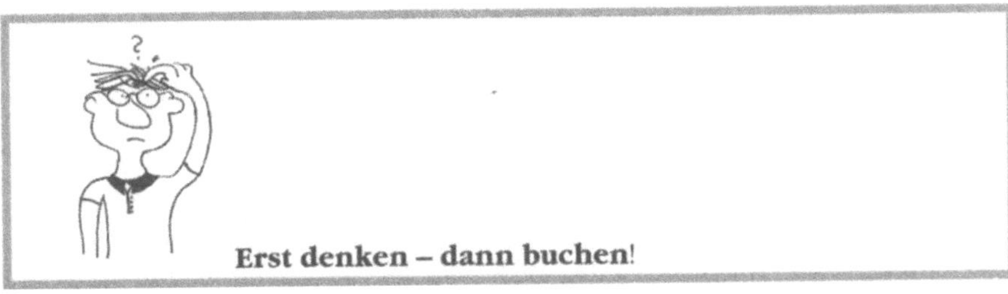

2.2.2 Gewinnermittlung gem. § 4(3) EStG: der Arzt

AP

Dr. Helmut Knochenbrecher betreibt eine Praxis für Orthopädie in Kaiserslautern. Er ermittelt seinen Gewinn zulässigerweise nach § 4(3) EStG. Die Voraussetzungen des § 7g EStG sind erfüllt und anzuwenden. Ordnungsgemäße Belege sind jeweils vorhanden. Herr Dr. Knochenbrecher wünscht einen möglichst niedrigen steuerlichen Gewinn.

Die folgenden Vorgänge sind noch zu beurteilen.

Begründen Sie Ihre Änderung oder Nichtansatz kurz und ermitteln Sie das berichtigte Jahresergebnis 2002.

Werte lt. vorläufiger Gewinnermittlung:

Betriebseinnahmen **245.698,00 EUR**

Betriebsausgaben **178.597,00 EUR**

1. Dr. Knochenbrecher eröffnete im Juli 2002 bei der Apotheker- und Ärztebank eG ein Girokonto. Er übernahm einen Genossenschaftsanteil von 1.000,- EUR, der als Betriebsausgabe erfasst wurde.

2. Im Dezember 2002 wurde eine Reparatur am Röntgengerät durchgeführt. Die Rechung über 380,- EUR + 16% USt 60,80 EUR = 440,80 EUR wurde am 27.12.2002 ausgestellt. Herr Dr. Knochenbrecher erhielt sie am 2.01.2003 und bezahlte sie am 9.1.2003 per Banküberweisung. Dieser Vorgang wurde 2002 nicht berücksichtigt.

3. In den Betriebausgaben vom 4. Januar 2003 ist eine Abbuchung in Höhe von 1.500,- EUR für ein betriebliches Darlehen enthalten. Es betrifft die Zinsen von 600,- EUR und die Tilgungsrate von 900,- EUR zum 31.12.2002.

4. Im November behandelte Dr. Knochenbrecher einen amerikanischen Staatsbürger als Privatpatient. Der Patient hat die Forderung von 950,- EUR bisher nicht bezahlt. Gerichtliche Schritte sind sinnlos, da der Aufenthalt des Patienten nicht bekannt ist. Herr Dr. Knochenbrecher betrachtet die Forderung als verloren und hat sie bereits als außerordentlichen Aufwand erfasst.

5. Herr Dr. Knochenbrecher erstellt seine steuerlichen Aufzeichnungen seit Jahren selber und freut sich immer darauf, mit Ihnen zu fachsimpeln. Er erzählt Ihnen, dass er eine tolle Fachliteratur „Ärzte und Finanzamt" abboniert hat, durch die er viel Wissenswertes erfährt. Der Jahresbetrag 2002 von 240,- EUR wurde am 28.01.2002 auf seinem Privatkonto belastet und ist bisher noch nicht berücksichtigt.

6. Im Oktober 2002 wurden neue Geräte für das Labor angeschafft: zwei Mikroskope für insgesamt 950,- EUR incl. USt und ein Knochendichte-Messgerät für 4.408,- EUR incl. USt. Dr. Knochenbrecher hat beide Beträge als Betriebsausgaben gebucht. Die Geräte haben eine betriebsgewöhnliche Nutzungsdauer von 13 Jahren.

7. Die Praxis befindet sich in gemieteten Räumen. Die am 31.12.02 fällige Miete für Dezember 2002 in Höhe von 450,- EUR wurde am 2.01.2003 überwiesen und daher in 2002 nicht berücksichtigt.

8. Ab Sommer 2003 möchte Dr. Knochenbrecher seinen Patienten die Magnetresonanztherapie anbieten. Die Anschaffung des Gerätes ist für Mai 2003 geplant, ein Kostenvoranschlag in Höhe von 25.000,- EUR liegt seit Dezember 2002 vor.

9. Dr. Knochenbrecher besitzt einen Pkw, den er sowohl betrieblich als auch privat nutzt. Das Fahrzeug wurde am 01.02.2002 für 30.000,- EUR + 16% USt 4.800,- EUR = 34.800,- EUR angeschafft. Nutzungsdauer 6 Jahre. Es wurde ein ordnungsgemäßes Fahrtenbuch geführt. Der berufliche Anteil liegt bei 28%, der private Anteil bei 72%. Fahrten zwischen Wohnung und Praxis fallen nicht an, da Dr. Knochenbrecher im Nachbarhaus wohnt. Die Kfz-Unterhaltskosten betrugen 3.200,- EUR, die Kfz-Steuer 250,- EUR und die Versicherung 785,- EUR. Wegen des hohen privaten Anteils hat Dr. Knochenbrecher das Fahrzeug bisher nicht berücksichtigt.

10. Auf dem betrieblichen Girokonto wurde am 25. Juni 2002 ein Betrag von 2.300,- EUR gutgeschrieben. Das war der Restbetrag, nachdem das Finanzamt ESt-Vorauszahlungen 2002 von 1.800, - EUR mit der ESt-Erstattung 2001 in Höhe von 4.100, - EUR verrechnet hatte. Herr Dr. Knochenbrecher hat diesen Betrag als Betriebseinnahme erfasst.

Wie lange haben Sie zur Lösung dieser Aufgabe gebraucht? In einer Abschlussprüfung hätten Sie maximal 60 Minuten Zeit dafür.

2.2.3 Gewinnermittlung § 4(3) EStG: der Freibad-Imbiss

AP

Fritz Pommes betreibt in Pirmasens den Imbiss des städtischen Freibades. Er ermittelt seinen Gewinn Zulässigerweise nach § 4(3) EStG. Das Wirtschaftsjahr entspricht dem Kalenderjahr, die Umsätze werden nach den allgemeinen Vorschriften des UStG versteuert. Herr Pommes hat bereits eine vorläufige Gewinnermittlung für 2002 erstellt und bittet Sie, diese zu überprüfen. Er möchte einen möglichst niedrigen Gewinn ausweisen und alle steuerlichen Vorteile ausschöpfen.

Ermitteln Sie den berichtigten Gewinn 2002 und begründen Ihre Entscheidungen durch Angabe der steuerlichen Vorschriften. Verwenden Sie das im Anschluss an die Aufgabe abgedrucktes Schema.

1. Herr Pommes hat bereits ermittelt:

Betriebseinnahmen	85.000,00 EUR
Betriebsausgaben	45.000,00 EUR
Gewinn	40.000,00 EUR

2. Ab der Saison 2003 möchte Herr Pommes eine bewirtschaftete Terrasse einrichten. Für die notwendigen Investitionen nahm er zum 01. Oktober 2002 ein Darlehen in Höhe von 12.000, - EUR auf. Die Bank behielt 200,- EUR Damnum und 55,- EUR für Zinsen Oktober ein. Herr Pommes hat bereits 11.745,- EUR als Betriebseinnahme erfasst.

3. In einer Augustnacht wurde im Freibad eingebrochen. Dabei entstand im Imbiss ein Sachschaden von 750,- EUR + 16% 120,- EUR= 870,- EUR. Die Versicherung hat die Reparaturrechnung bis auf die Umsatzsteuer erstattet und 750,- EUR überwiesen. Für den Gelddiebstahl aus der Kasse in Höhe von 150,- EUR kam die Versicherung nicht auf. Herr Pommes hat diesen Vorgang noch nicht berücksichtigt.

4. Herr Pommes zahlt die Pacht an die Stadt Pirmasens immer jährlich im voraus. Da er sich von Januar bis März 2003 zu einem größeren Urlaub in Australien aufhielt, überwies er die im Januar 2003 fällige Pacht für 2003 in Höhe von 1.200,- EUR bereits am 27.12.2002. Daher ist dieser Betrag ist in den Betriebsausgaben 2002 bereits enthalten.

5. Anlässlich der Weihnachtsfeier am 14.12.2002 übereichte Herr Pommes einem Geschäftsfreund ein Geschenk im Wert von 20,- EUR incl. 16% USt. Dieser Geschäftsfreund hatte bereits im März zu seinem Geburtstag von Herrn Pommes einen Blumenstrauß im Wert von 25,- EUR incl. 7% USt geschenkt bekommen. Der Blumenstrauß ist bereits mit 25,- EUR als Betriebsausgabe erfasst, das Weihnachtsgeschenk ist noch nicht berücksichtigt.

6. Herr Pommes veranstaltet seit Juni 2002 Kindergeburtstage im Freibad. Pro Kind verlangt er einen Pauschalbetrag von 5,- EUR. Darin sind Betreuung und ein Snack enthalten. Herr Pommes fragt Sie, ob man das dem Finanzamt unbedingt angeben muss. Er hat damit in 2002 insgesamt 615,- EUR eingenommen und nicht als Betriebseinnahmen behandelt.

7. Für die neu geplante Bistro-Terrasse konnte Herr Pommes im Dezember 2002 günstig Sonnenschirme und Mobiliar bestellen. Der Lieferant stellte die Gesamtrechung über 8.200,- EUR + 16% USt = 1.312,- EUR = 9.512,- EUR per 23.12.2002 aus. Vereinbarungsgemäß leistete Herr Pommes auf diese Rechung am 27.12.2002 eine Anzahlung in Höhe von 1.500,- EUR. Der Restbetrag wurde bei Lieferung am 31.03.2003 überwiesen. Es wurde noch keine Buchung vorgenommen.

8. Der Beitrag für die jährliche Betriebshaftpflichtversicherung war am 1.10.2002 fällig. Herr Pommes hat 300,- EUR überwiesen. Davon hat er 75,- EUR am 01.10.2002 als Betriebsausgabe 2002 behandelt.

9. In den Betriebseinnahmen ist ein Betrag von 500,- EUR enthalten, der lt. Herrn Pommes aus dem Verkauf seiner alten gewerblichen Spülmaschine am 30.09.2002 rührt. Diese Maschine steht per 01.01.2002 noch mit 600,- EUR zu Buche. Sie wurde am 1.3.1999 angeschafft und mit jährlich 25% abgeschrieben. Weitere Buchungen sind in 2002 noch nicht erfolgt.

Lösungsschema:

Nr.	Begründung	Betriebseinnahmen		Betriebsausgaben	
		+	./.	+	./.

2.2.4 Gewinnermittlung § 4(3) EStG: der Gewerbetreibende

Erstellen Sie für den Gewerbetreibenden Markus Maier aus München die Überschussrechung für 2002 nach dem vorgegebenen Schema. Herr Maier versteuert nach vereinnahmten Entgelten. Der Gewinn soll möglichst niedrig gehalten werden. Die Voraussetzungen des § 7g EStG sind erfüllt und anzuwenden. AP

Folgende Vorgänge sind noch zu berücksichtigen bzw. zu korrigieren. Begründen Sie bitte kurz Änderungen oder Nichtansatz.

1. Vom Finanzamt wurde im August 2.500,- EUR Einkommensteuer erstattet und als Betriebseinnahme gebucht.
2. Eine Forderung in Höhe von 2.400,- EUR brutto wurde uneinbringlich. Der Vorgang wurde als BA erfasst.
3. Durch einen Brand im Lager entstand im Oktober ein Schaden am Materialbestand von 3.000,- EUR. Die Versicherung hat im Dezember nur 2.300,- EUR erstattet. Der Vorgang wurde noch nicht erfasst.
4. Eine Quittung in Höhe von 51,- EUR incl. 16% USt für den Barkauf von Büromaterial am 30.12.2002 wurde noch nicht berücksichtigt.
5. Herr Maier eröffnete im April 2002 ein Konto bei der Münchner Genossenschaftsbank e.G. Er zeichnete einen Genossenschaftsanteil von 500,- EUR, der seinem Bankkonto belastet wurde. Herr Maier hat den Betrag als Betriebsausgabe erfasst.
6. Mitte November wurden zwei neue Büroschränke für insgesamt 2.500,- EUR netto + 16% USt angeschafft und eine Woche später durch Banküberweisung bezahlt. Eine Ansparrücklage hierfür wurde nicht gebildet. Die Nutzungsdauer der Schränke beträgt 13 Jahre. Der Vorgang wurde nicht aufgezeichnet.
7. Anfang April 2002 erwarb Herr Maier ein kleines unbebautes Grundstück, das er seither als Kundenparkplatz nutzt. Der Kaufpreis in Höhe von 8.500,- EUR wurde daher als Betriebsausgabe erfasst.
8. Herr Maier hat am 01.06.2002 einen gebrauchten Computer für 500,- EUR + 16% USt gegen Rechnung erworben und bar bezahlt. Die Restnutzungsdauer beträgt zwei Jahre. Der Vorgang wurde noch nicht berücksichtigt.
9. Herr Maier hat am 30.12.2002 von einem Kunden einen Scheck über 3.578,00 EUR zum Rechnungsausgleich erhalten, den er versehentlich erst am 02.01.2003 bei seiner Bank einreichte. Die Gutschrift auf dem Konto erfolgte am 03.01.2003. Der Betrag ist 2002 als Betriebseinnahme erfasst worden.

LÖSUNGSSCHEMA:

Achten Sie bei vorgegebenen Lösungstabellen unbedingt darauf, auf welcher Seite Betriebseinnahmen bzw. Betriebsausgaben stehen. Das kann nämlich unterschiedlich sein!

Nr.	Begründung	Betriebseinnahmen		Betriebsausgaben	
		+	./.	+	./.
		165.000,00		152.000,00	
1					
2					
usw.					

Summen:

Endgültiges Jahresergebnis:

2.2.5 Gewinnermittlung § 4(3) EStG: ein Handwerker

AP

Der Schlossermeister Johann Hammer betreibt in Weilheim eine Schlosserei. Er ermittelt seinen Gewinn gemäß § 4 Abs. 3 EStG.

Er versteuert nach vereinnahmten Entgelten. Die Voraussetzungen des § 7 g EStG sind erfüllt.

Der Gewinn 2002 soll möglichst niedrig gehalten werden.

Bisher wurden erfasst:	Betriebseinnahmen	135.000,00 EUR
	Betriebsausgaben	87.000,00 EUR

Folgende Vorgänge sind noch zu berücksichtigen bzw. zu korrigieren.

Begründen Sie Änderungen oder Nichtansätze kurz.

Ermitteln Sie bitte auch den berichtigten endgültigen Gewinn 2002.

1. Herr Hammer bestellt im Dezember 2002 eine neue Maschine für 15.080,00 EUR. Er leistet am 15. Dezember 2002 eine Anzahlung über 10.440,00 EUR. Es liegt eine ordnungsgemäße Anzahlungsrechnung vor. Die Maschine wird am 20. Januar 2003 geliefert.

   Der Restbetrag wird am 30. Januar 2003 unter Abzug von 2 % Skonto ausgeglichen.

   Diese Vorgänge sind noch nicht berücksichtigt.

2. Herr Hammer bewirtet im Dezember 02 einen Kunden. Eine ordnungsgemäße Bewirtungsrechnung liegt vor. Die Kosten können als angemessen betrachtet werden. Der Rechnungsbetrag lautet auf 58,00 EUR.

   Der am 15.12.02 bar bezahlte Beleg ist noch nicht berücksichtigt.

3. Bei einem Einbruch in die Schlosserei wurde am 12.12.02 Material im Einkaufswert von 800,00 EUR netto gestohlen. Herr Hammer setzte deshalb 800,00 EUR als Betriebsausgabe 2002 an.

4. Herr Hammer kaufte am 20. Dezember eine Handbohrmaschine für 405,00 EUR plus 16 % Umsatzsteuer. Die Bank bucht den Rechnungsbetrag am 08.01.2003 ab.

   Dieser Vorgang ist noch nicht berücksichtigt.

5. Herr Hammer gab seinem Auszubildenden kurz vor Weihnachten ein Darlehen über 200,00 EUR, das mit der Lohnabrechnung Februar 03 verrechnet wird. Die 200,00 EUR sind in den Betriebsausgaben 2002 enthalten.

6. Als zusätzlichen Lagerplatz hat Herr Hammer von einem Nachbarn (Privatmann) eine Garage gemietet. Die Januarmiete 2003 in Höhe von 100,00 EUR hat er bereits am 27.12.2002 bar bezahlt und bei den Betriebsausgaben 2002 erfasst.

7. Ein Kunde von Johann meldet am 01.12.02 das Insolvenzverfahren an. Die noch offene Rechnung über 575,00 EUR setzt Herr Hammer als Betriebsausgabe 2002 an.

8. Am 01.09.2002 nimmt Herr Hammer ein Darlehen in Höhe von 20.000,00 EUR auf. Es wurde ein Disagio in Höhe von 4 % vereinbart. Johann erfasste die 19.200,00 EUR als Betriebseinnahmen 2002.

   Zum 31.12.2002 wurden 300,00 EUR als Zinsen und 200,00 EUR als Tilgung vom Bankkonto abgebucht. Er erfasste die 500,00 EUR als Betriebsausgabe 2002.

9. Herr Hammer hat im Dezember 2002 einen alten PC entsorgen lassen. Der PC war bis auf einen Euro abgeschrieben. Die am 18.12.02 bar bezahlten Entsorgungskosten betrugen 5,00 EUR plus 16 % Umsatzsteuer.

   Dieser Vorgang ist noch nicht verbucht.

2.2.6 Gewinnermittlung § 4(3) EStG:ein Praxisfall

Bisher haben Sie geübt, einen bereits ermittelten vorläufigen Gewinn zu korrigieren. Mit diesem Fall können Sie sich an der Erstellung einer Einnahme-Überschussrechung aus den vorgelegten Aufzeichnungen eines Mandanten versuchen. Viel Spaß dabei.

Ihre Mandantin Antje de Friess betreibt einen Stand für holländische Käsespezialitäten auf dem Kölner Markt.

Sie ermittelt ihren Gewinn zulässigerweise nach § 4(3) EStG. Während des Geschäftsjahres vom 1.01. bis 31.12. zeichnet Frau de Friess ihre Einnahmen und Ausgaben persönlich auf und bringt Ihnen immer im März des Folgejahres die Unterlagen zur Erstellung des Abschlusses ins Steuerbüro.

Frau de Friess versteuert ihre Umsätze nach vereinnahmten Entgelten, die vierteljährlichen Umsatzsteuervoranmeldungen berechnet sie selbst.

Erstellen Sie aus den nachfolgenden Mandantenunterlagen und Angaben die Gewinnermittlung und das Anlageverzeichnis zum 31.12.2002. Frau de Friess wünscht einen möglichst niedrigen Gewinn.

Bitte beraten Sie sie auch im Hinblick auf steuerliche Wahlrechte.

Bei der Durchsicht der Unterlagen stellen Sie fest, dass Frau de Friess ihre Aufzeichnungen formell und sachlich richtig geführt hat.

Diese Sachverhalte sind noch zu berücksichtigen:

Fahrzeuge:

Frau de Friess hat ihren Pkw Renault Kangoo aus 1998 für 3.200,- EUR brutto beim Neukauf des Citroen Berlingo am 1.7.02 in Zahlung gegeben. Das neue Fahrzeug kostete lt. Rechnung netto 11.200,-- EUR + 16% USt 1.792,- EUR = 12.992,- EUR. Der Bruttolistenpreis des Herstellers betrug 13.800,- EUR. Frau de Friess hat für die Restfinanzierung des Wagens ein Darlehen der AKB-Bank aufgenommen.

Bisher führte Frau de Friess ein den steuerlichen Anforderungen entsprechendes Fahrtenbuch. Der private Nutzungsanteil des Pkw Renault Kangoo wurde mit der Fahrtenbuchmethode berechnet. Nun klagt Ihre Mandantin, dass sie das Führen des Fahrtenbuches „nervt". Es wäre ihr am liebsten, wenn sie es nicht mehr tun bräuchte.

Fahrten Wohnung/Arbeit sind nicht angefallen. Frau de Friess nutzt im eigenen Einfamilienhaus einen Keller als Lager- und Büroraum. Ihr Arbeitstag beginnt und endet dort.

Anschaffungen ab 2003:

Im Jahr 2003 möchte Frau de Friess ihren Marktstand aufgeben und sich einen Käseshop in den Einkaufsarkaden des Hauptbahnhofes einrichten.

Für die komplette Ladeneinrichtung liegt bereits ein Kostenvoranschlag vom 2.12.2002 in Höhe von 18.500,- EUR + 16% 2.960,- EUR = 21.460,- EUR vor.

Benötigen Sie einen Tipp?

Nehmen Sie sich ein Blatt im Querformat und zeichnen 4 Spalten ein. Tragen Sie erst einmal alle Positionen aus den Mandantenaufzeichnungen ein, die in die Einnahme-Überschussrechung gehören. In die zweite Spalte kommen die Beträge von Frau de Friess. Die dritte Spalte können Sie für Änderungen verwenden, die letzte Spalte enthält dann die endgültigen Werte für den Abschluss (ähnlich einer Hauptabschlussübersicht.)

Antje de Friess **Käsespezialitäten aus Holland Steuer-Nr. 123/45567**					
Anlageverzeichnis zum 31.12.2001 in Euro-Werten					
Wirtschaftsgut	ND/J. AfA %	Buchw. € 01.01.2001	+Zugang - Abgang	AfA € 2001	Buchw. € 31.12.01
Verkaufsstand 01.03.1998 AK 23.470,- DM	8 12,5%	7.500,--		1.500, --	6.000,--
Schneidemaschine 15.05.2000 AK 4.889,58 DM	5 20	2.000,--		500,--	1.500,--
Registrierkasse 28.09.2001 AK 3.520,49 DM	6 16,6		+ 1.800,- -	1/2 150,-	1.650,--
4 GWG aus 1998		2,--			2,--
Pkw Renault Kangoo 31.03.1998 AK 20.536,-DM	6 16,6	5.250,--		1.750, -	3.500,--
Summen		14.752,--	+ 1.800,- -	3.900, -	12.652,--

Antje de Friess

Zusammenfassung Zahlen für Steuerberater 2002

	Netto	+ USt
Erlöse Käse 7%	44.398,--	3.107,86
Erlöse Backwaren + Obst	8.450,--	591,50
Erlöse Wein + Sonstiges	5.320,--	851,20
Wareneinkauf 7%	19.620,--	
Wareneinkauf 16%	3.458,--	
Skonti 7%	985,--	
Inventur zum 31.12.2001 in Euro =	2.320,-	
Inventur um 31.12.2002	2.570,-	
Kassenbestand 31.12.02	1.120,56	
Lohnkosten	4.150,--	
Verpackungsmaterial	1.720,--	
Steuerberater	512,--	
Miete und Nebenkosten	3.820,--	
Sonstige Kosten	2.160,--	
Vorsteuer Wareneinkauf und Kosten	3.263,60	
Umsatzsteuer-Zahlungen	412,--	
Einkommensteuerzahlungen	325,--	

Kosten für Autos:

	Kangoo bis 30.6.	Berlingo ab 1.7.02
Benzin+Wartung	1.340,--	1.180,--
Steuer	78,--	62,--
Versicherung	250,--	250,--
gefahrene KM	5.500	6.300,--
davon privat	1.375	1.890,--
Zinsen Auto-Darlehen		250,--
Tilgungsraten Auto-Darlehen		1.500,--

Alle Werte in Euro angegeben!

Kaufmännisches Rechnen

3 Kaufmännisches Rechnen

In den Prüfungen machen die Aufgaben zum kaufmännischen Rechnen und Jahresabschlussanalyse etwa 20 % der Punkte aus. In letzter Zeit erkennt man aber einen Trend weg von klassischen Aufgaben zur Industriekalkulation oder gar dem Währungsrechnen hin zu Aufgabenstellungen aus der Jahresabschlussanalyse. Oft werden Rechenaufgaben in den Buchführungsteil verpackt. Das ist ja auch praxisnah. Um für den Berufsalltag bestens gewappnet zu sein, sollten Sie die folgenden Bereiche des Rechnungswesens auf jeden Fall beherrschen.

3.1 Prozentrechnen

In fast allen Bereichen des Kaufmännischen Rechnens müssen Sie die Prozentrechnung zuverlässig beherrschen. Daher bieten wir Ihnen hier nochmals passende Übungen an.

3.1.1 Grundlagen Prozentsatz, Prozentwert, Basiswert

a. Gemüsegroßhändler Karl Krautkopf überweist 1.900,80 EUR an einen Lieferanten. Der Rechnungsbetrag lautete 1.980,- EUR.

Wie viel Skonto in % und Betrag hat er abgezogen?

b. Der Mandant Roland Reich aus Rostock unterliegt bei einem zu versteuernden Einkommen von 50.000,- EUR lt. Grundtabelle einem Einkommensteuersatz von 28,88 %. Durch eine mögliche Ansparabschreibung könnte er sein zu versteuerndes Einkommen um 8.000,- EUR mindern. Dies entspricht einer Minderung des Einkommensteuersatzes auf 26,105%.

Welchen Einkommensteuerbetrag spart Herr Reich bei Inanspruchnahme der Ansparabschreibung?

c. Der Solidaritätszuschlag eines Arbeitnehmers beträgt 46,52.

Berechnen Sie die Lohnsteuer und die Kirchensteuer (9%).

3.1.2 Umsatzsteuer-Berechnungen

Bitte ergänzen Sie die fehlenden Werte in der Tabelle:

Brutto	Netto	%-Satz	USt Betrag
1605,--		7	
	540,--		86,40
		16	800,---
4863,90	4.545,70		
	2.345,--	7	
78.943,50			10.888,76
	7.600,--	16	
		7	9,80
18.650,--		16	

3.1.3 Prozentrechnung in der AO

Andrea Spät aus Stuttgart wirft ihre Umsatzsteuervoranmeldung Juli 2003 am 28. August 2003 in den Briefkasten des Finanzamtes. Sie überweist die Umsatzsteuervorauszahlung Juli in Höhe von 9.460,- EUR am 07. Oktober 2003. Der Betrag geht am 09. Oktober 2003 auf dem Konto des Finanzamtes ein. Sie hat keinen Antrag auf Dauerfristverlängerung gestellt.

Muss Frau Spät mit der Festsetzung von steuerlichen Nebenleistungen rechnen? Wenn ja: in welcher Höhe?

3.2 Verteilungsrechnen

3.2.1 Gewinnverteilung KG

An der Süß und Sauer KG sind die Komplementäre Süß und Sauer, sowie die Kommanditistin Salzig beteiligt. Die Kapitalanteile zu Jahresbeginn betragen:

Süß 97.400 EUR

Sauer 124.600 EUR

Salzig 70.000 EUR

Der Jahresgewinn von 88.000 EUR ist wie folgt zu verteilen: jeder Komplementär erhält zunächst 24.000 EUR vorweg, dann erhält jeder Gesellschafter 4% Verzinsung seines Kapitals. Der Rest wird im Verhältnis 2:2:1 verteilt.

a. **Stellen Sie die Gewinnverteilung dar.**

b. **Mit wie viel Prozent hat sich die Einlage von Sauer verzinst?**

c. **Wie hoch sind die Kapitalanteile am Ende des Jahres für jeden Gesellschafter, wenn Süß 30.000 EUR, Sauer 35.000 EUR und Salzig 5.000 EUR ihres Gewinnanteils entnommen haben?**

3.2.2 Gewinnverteilung Partnerschaftsgesellschaft

Die Rechtsanwaltskanzlei Clever und Partner, Köln, erzielte einen Jahresgewinn von 280.000,- EUR. Der Partnerschaftsvertrag regelt folgende Gewinnverteilung:

Partner Clever erhält monatlich vorweg 4.000,- EUR.

Die drei übrigen Partner erhalten monatlich vorweg 3.000,- EUR.

Ein Restgewinn wird nach Köpfen verteilt.

Bitte stellen Sie einen Gewinnverteilungsplan auf.

3.2.3 Gewinnverteilung GbR

Die Moritz-GbR erzielte einen Jahresgewinn von 42.000,- EUR. Folgende Personen sind beteiligt:

Anton Moritz mit	15.000,- EUR
Frieda Moritz mit	12.000,- EUR
Gunda Moritz mit	10.000,- EUR

Verteilen Sie den Gewinn gem. § 722 BGB.

3.2.4 Gewinnverteilung OHG

An einer OHG sind folgende Personen beteiligt:

August mit	75.000,- EUR
Bauer mit	55.000,- EUR
Cäsar mit	45.000,- EUR

Der Jahresgewinn beträgt 185.602,- EUR.

Wie hoch sind die Gewinnanteile der einzelnen Gesellschafter

a. **wenn der Gesellschaftsvertrag keine Bestimmung hinsichtlich der Gewinnverteilung enthält?**

b. **wenn der Gewinn lt. Gesellschaftsvertrag nach Kapitalanteilen zu verteilen ist und August während des Geschäftsjahres monatlich 4.000,- EUR entnommen hat und Cäsar für die Überlassung von Grundstücken vorweg 2.400,- EUR erhalten hat? Berechnen Sie auch die Kapitalien zum Jahresende. Runden Sie die Beträge auf volle EUR.**

3.2.5 Zwei Denksportaufgaben zum Verteilungsrechnen

a. An einem Mietwohngrundstück in Berlin sind drei Schwestern beteiligt. Von dem jährlichen Überschuss erhält Hanni doppelt soviel wie Nanni. Fanni erhält das 1,5-fache von Hanni und Nanni zusammen.

Wie viel EUR erhält jede der Schwestern bei einem Überschuss von 32.868,75 EUR?

b. An einer OHG sind die Gesellschafter A mit 1/3, B mit 1/4 und C mit 120.000,- EUR beteiligt. Der Jahresgewinn beträgt 90.000,- EUR. Die Gesellschafter erhalten vorweg eine Kapitalverzinsung von 6,5%. Der Restgewinn wird nach Köpfen verteilt.

Führen Sie eine Gewinnverteilung durch und berechnen Sie die Endkapitalien.

3.2.6 Verteilung von Anschaffungskosten

ZP

Die Textilmaschinen GmbH aus Nürnberg kauft ein Grundstück mit Produktionsgebäude für insgesamt 840.000,- EUR. Auf das Grundstück entfallen davon 140.000,- EUR. Weiterhin sind folgende Kosten angefallen:
Grunderwerbsteuer 3,5%, Notargebühren 84.000,- EUR netto
Grundbuchgebühren 745,- EUR, Damnum für ein in diesem Zusammenhang aufgenommenes Darlehen in Höhe von 8.000,- EUR.

Berechen Sie die Anschaffungskosten für das Grundstück und das Produktionsgebäude. Runden Sie auf volle EUR-Beträge.

3.2.7 Verteilungsrechnen in der Gewerbesteuer

Die Lebkuchen OHG aus Nürnberg erzielte im Vorjahr einen einheitlichen Steuermessbetrag von 37.300,- EUR. Sie unterhält Betriebstätten in Nürnberg, Reutlingen und Düsseldorf. Die Mitunternehmer sind zu 40% in Nürnberg und zu jeweils 30% an den anderen Betriebsstätten tätig.

Führen Sie bitte die Zerlegung des Steuermessbetrages durch und berechnen Sie die Zerlegungsanteile für die Betriebsstätten.

Hebesätze: Nürnberg 450%, Reutlingen 410%, Düsseldorf 470%.

Ihnen werden folgende Zahlen vorgelegt:

	Betriebseinnahmen	**Arbeitslöhne**	**Darin enthaltene Ausbildungsvergütungen**
Nürnberg	1.225.000	500.000	66.800
Reutlingen	490.000	120.000	26.140
Düsseldorf	735.000	240.000	45.060

3.3 Zinsrechnen

3.3.1 Grundwissen Zinsen, Zinssatz, Tage, Kapital

a. Schreinermeister Säge aus Solingen erhält am 01.03.03 von seiner Erbtante ein Darlehen i. H. v. 20.000,- EUR für eine betriebliche Investition. Die Beiden haben einen wie unter Fremden üblichen Darlehensvertrag abgeschlossen. Das Darlehen wird mit 6% p.a. verzinst und ist am 31.12.2006 in einer Summe zurückzuzahlen.

AP

Berechnen Sie die Zinsen für das Jahr 2003.

b. Für ein Darlehen in Höhe von 80.000,- EUR fallen monatlich 500,- EUR Zinsen an.

Welchem Jahreszinssatz entspricht das?

c. Bei einem Zinssatz von 6,5% kann ein Unternehmer wirtschaftlich zusätzlich maximal 4.225,- EUR Zinsen im Jahr verkraften.

ZP

Wie hoch kann ein Darlehen unter diesen Bedingungen maximal sein?

d. Karl Krösus erhält am 31.12. eine Zinsgutschrift über 1.175,- EUR für ein mit 5% verzinstes Kapital in Höhe von 70.500,- EUR.

Wann hat er das Kapital angelegt?

3.3.2 Übung in Tabellenform

Berechnen Sie die fehlenden Werte. Runden Sie auf zwei Stellen nach dem Komma.

K	p	t	z
35.825,-		23	74,39
	8,00	193	5.498,36
59.315,-	6,25	221	
168.002,-	4,75		7.315,09

3.3.3 Zinstage berechnen

Berechnen Sie die Zinstage nach der sogenannten „deutschen Methode".

Vom	25.04	**bis**	10.08.	=
	03.02.		28.02.	=
	02.05.		02.08.	=
	30.04.		27.07.	=
	03.01.		27.12.	=
	16.11.		23.02.	=

3.3.4 Verschiedene Aufgaben zur Zinsrechnung

a. Uli N. möchte in seinen Kleinwagen endlich eine ordentliche Musikanlage einbauen. Da er „nicht blöd ist", will er bei einem Elektro-Markt ein Schnäppchen machen. Die HiFi-Anlage kostet komplett 2.500,- EUR. Uli hat aber nur 1.500,- EUR von seiner mageren Ausbildungsvergütung gespart. Der Verkäufer bietet ihm Ratenzahlung an: 1.500,- EUR Anzahlung bei Vertragsabschluss am 15.03., den Rest in 4 gleichen Monatsraten immer zum 15. des Folgemonats fällig. Dafür fallen 6,5% Zinsen an.

Welchen Betrag kann Uli sparen, wenn ihm seine Oma ein zinsloses Darlehen gewährt, so dass er die Anlage bar mit 3% Sofortzahlungsrabatt kaufen kann?

b. Sie lesen in Ihrer Tageszeitung folgende Anzeige:

> „Privat sucht dringend Darlehen von 5.000,- EUR. Zahle nach 10 Monaten 5.600,- EUR zurück. Sicherheiten vorhanden".

Sie haben das Bargeld gerade zur Verfügung und Ihre Bank bietet Ihnen eine Anlage mit einem Jahreszins von 4,5% an. Freistellungsauftrag ist erteilt.

Welche Anlage ist günstiger?

c. Ein Investmentdepot verzinst sich mit einem Zinssatz von 8% in 150 Tagen genauso wie ein Festgeldkonto von 3.600 in 85 Tagen zu 9%.

Können Sie die Höhe des Guthabens auf dem Investmentdepot berechnen?

3.3.5 Grundbegriffe Effektivverzinsung

Ordnen Sie die folgenden drei Begriffe den entsprechenden Aussagen zu:

Rendite Rentabilität Effektivverzinsung

Dieser Wert drückt das Verhältnis von Gewinn zu eingesetztem Kapital in einem bestimmten Zeitabschnitt aus.

= ________________________________

Dieser Wert wird in Prozent des eingesetzten Kapitals angegeben und bezeichnet den jährlichen Gesamtertrag eines angelegten Kapitals.

= ________________________________

Dieser Wert drückt den tatsächlichen Anlageertrag aus, bezogen auf die Dauer von einem Jahr und bei einem Kapitaleinsatz von 100 Euro. Außer dem Nominalzins werden noch weitere Faktoren (z. B. tatsächliche Kosten oder Kursabschläge bzw. –aufschläge) mit eingerechnet.

= ________________________________

3.3.6 Effektivverzinsung Hauskauf

Ihr Mandant Peter Raffzahn, Rüsselsheim, will zwei Mehrfamilienhäuser kaufen. Er verfügt über Eigenkapital in Höhe von 250.000,- EUR, der Restbetrag von 550.000,- EUR soll durch ein Bankdarlehen mit jährlichem Zinssatz von 6,5% fremdfinanziert werden.

AP

Der Wert des Grund und Bodens beträgt 18% der Anschaffungskosten, die Gebäude werden mit 2% abgeschrieben. In den Vorjahren sind durchschnittlich 5.000,- EUR Kosten pro Jahr für die Häuser angefallen.

Herr Raffzahn möchte sein Eigenkapital mit 8% gut verzinst wissen und bittet Sie, auszurechnen, welche monatlichen Mieteinnahmen die Häuser in diesem Fall mindestens bringen müssen.

3.3.7 Effektivverzinsung Aktien

Dagobert Steinreich aus Entenhausen hat vor 18 Monaten sein Geld in Genuss-Scheinen der Alcapone AG angelegt. Die Alcapone AG verspricht ihren Anlegern eine Effektivverzinsung von 10%.
Dagobert hat 150 Genuss-Scheine zum Kaufpreis von je 500,- EUR gezeichnet, Nebenkosten des Kaufes einmalig 150,- EUR.
Würde er sie heute (genau 18 Monate nach Kauf) verkaufen, könnte er einen Verkaufserlös nach Abzug aller Kosten in Höhe von 560,- EUR je Anteil erzielen.

Bisher hat Dagobert einmalig eine Ausschüttung von 45,- EUR (nach Steuern) je Anteil erhalten.

Hat die Alcapone AG zuviel versprochen?

3.3.8 Rentabilitätskennziffern im Jahresabschluss

Der Jahresabschluss 2003 einer GmbH enthält folgende Daten: (EUR-Werte)

Fremdkapital	275.000
Eigenkapital	125.000
Zinsen für Fremdkapital	17.500
Jahresüberschuss (nicht im EK enthalten)	50.000
Umsatzerlöse	800.000

Berechnen Sie bitte:

a. die Eigenkapitalrentabilität für 2003

b. b. die Gesamtkapitalrentabilität für 2003 vor Zinsen und Steuern

c. die Umsatzrentabilität für 2003

Ähnliche Aufgabenstellungen finden Sie auch im Kapitel 4 Jahresabschlussanalyse!

3.4 Handelskalkulation

Nach wie vor findet man in den Zwischen- und Abschlussprüfungen Aufgaben zur Kalkulation. Als Steuerfachangestellte sollen Sie die wichtigsten Grundbegriffe der Preisfindung im Unternehmen kennen, obwohl Sie im Steuerbüro in den seltensten Fällen solche Berechnungen anstellen müssen. Mit dieser Materie werden Sie allerdings mehr zu tun haben, falls Sie nach Ihrer Ausbildung in die freie Wirtschaft wechseln und vielleicht sogar die Bilanzbuchhalterprüfung anstreben.

3.4.1 Das klassische Kalkulationsschema und die G+V

Meine Schüler/innen fanden das folgende Schema immer recht hilfreich. Prägt man sich die Reihenfolge und die Zusammenhänge mit der G+V gut ein, kann man eigentlich jede Kalkulationsaufgabe lösen. Mein Tipp zum Lernen: Vergrößert kopieren, ausschneiden, immer wieder puzzeln. Wenn Sie das Zusammensetzen beherrschen, versuchen Sie, das Schema auswendig auf ein Blatt zu schreiben.

	Listen-Einkaufspreis		
./.	Lieferer-Rabatt	v.H.	
=	**Ziel- EKP**		
./.	Lieferer-Skonto	v.H.	
=	**Bar-EKP**		
+	Bezugskosten	EUR	
=	**Bezugspreis/Einstandspreis**		**Wareneinsatz**
+	Handlungs-/Geschäftskosten	v.H..	
=	**Selbstkostenpreis**		
+	Gewinn	EUR	
=	**Bar-Verkaufspreis**		
+	Vertreterprovision	i. H.	
+	Kundenskonto	i. H.	
=	**Ziel-VKP**		
+	Kunden-Rabatt	i. H	
=	**Listen-VKP**		**Umsatzerlöse**
+	USt	i. H.	
=	**Laden-VKP**		

3.4.2 Weitere Zusammenhänge Kalkulationsschema/G+V

Hier noch eine Zusammenstellung der wichtigsten Berechnungsmöglichkeiten in der Kalkulation jeweils mit Werten aus dem Kalkulationsschema und der G+V.

Es wird Ihnen viel helfen, wenn Sie diese „Formeln" auswendig kennen.

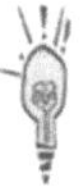

Lerntipp: schreiben Sie pro Lernbegriff eine kleine Karteikarte. Auf die Vorderseite kommt der gesuchte Begriff z. B. „Handelsspanne" und auf die Rückseite die entsprechende Formel. Damit können Sie sich selbst abfragen, bis es sitzt. In der Prüfung müssen Sie dann nur noch überlegen, wie Sie die Formel anwenden.

Begriff	Berechung mit Kalkulationsschema	Berechnung aus G+V
Rohgewinn	Listen-VKP ./. Bezugspreis = Rohgewinn	Umsatzerlöse ./. Wareneinsatz = Rohgewinn
Kalkulationszuschlag	(Listen-VKP ./. Bezugspreis)x100 / Bezugspreis	Rohgewinn x 100 / Wareneinsatz
Kalkulations-Faktor	Listen-VKP / Bezugspreis	Umsatzerlöse / Wareneinsatz
Handelsspanne	(Listen-VKP ./. Bezugspreis) x100 / Listen-VKP	Rohgewinn x 100 / Umsatzerlöse

Welcher Begriff gibt die Antwort auf die folgenden Fragen? Ordnen Sie bitte zu:

Kalkulationsfaktor **Handelsspanne** **Kalkulationszuschlag**

a. Wie viel % vom Umsatzerlös beträgt der Rohgewinn?

= ____________________

b. Welchen %-Satz schlage ich auf den Wareneinsatz auf, um die Umsatzerlöse zu erhalten?

= ____________________

c. Wie oft geht mein Wareneinsatz in die Summe der Umsatzerlöse?

= ____________________

3.4.3 Typische Zwischenprüfungsaufgaben zur Kalkulation

1. Die Buchführung des Mandanten Krause aus Köln weist folgende Beträge in EUR aus: ZP

Warenanfangsbestand zum 1.1.	14.000,00
Umsatzerlöse	345.300,00
Kundenskonti	10.073,00
Einkauf von Waren	165.000,00
Warenbezugskosten	4.000,00
Lieferantenskonti	5.200,00
Handlungskosten	18.000,00
Warenschlussbestand lt. Inventur zum 31.12.	17.500,00

Ermitteln Sie den Kalkulationsfaktor.

2. Der Elektrogroßhandel Birne aus Bielefeld musste aus Konkurrenzgründen den ursprünglichen Barverkaufspreis von 380,00 EUR um 30,- EUR senken. ZP

Wie viel Prozent Gewinn verbleiben dem Großhändler, wenn der Bareinkaufspreis 190,00 EUR, die Bezugskosten 15,00 EUR + 16% USt 2,40 EUR = 17,40 EUR und der Handlungskostenzuschlag 20% betragen?

3.4.4 Typische Abschlussprüfungsaufgaben zur Kalkulation

1. Ein Großhandelsbetrieb legt folgende Zahlen vor:

AP

Rohgewinnaufschlag (Kalkulationszuschlag)	40%
Rohgewinn	80.000,00 EUR

a. Ermitteln Sie den Wareneinsatz

b. Ermitteln Sie die Umsatzerlöse

AP

2. Der Elektrogroßhändler Birne aus Bielefeld kalkulierte seine Verkaufspreise (netto) bisher mit einem Kalkulationszuschlag von 75%. Die Handlungskosten betragen 35%. Ein Hauptlieferant kündigt nun eine Erhöhung seiner Verkaufspreise (netto) um 6% an. Der Großhändler selbst kann aus Wettbewerbsgründen seine Verkaufspreise (netto) nur um 4,5% erhöhen.

a. Wie hoch war bisher der Gewinn in Prozent des Elektrogroßhändlers?

b. Wie hoch ist beim Elektrogroßhändler der Gewinn in Prozent nach der Preiserhöhung?

c. Berechnen Sie den neuen Kalkulationszuschlag.

AP

3. Ein Einzelhändler ermittelt seinen Gewinn nach der Einnahmeüberschussrechnung (§ 4 Abs. 3 EStG). Die Erlöse aus Warenverkäufen betrugen 72.312,00 EUR (netto). Er kalkuliert mit einem Rohgewinnaufschlag von 38%. Seine Geschäftskosten betragen 7.952,00 EUR.

Berechnen Sie: **a. den Wareneinsatz in EUR**

b. den Rohgewinn in EUR

c. den Rohgewinnsatz

4. Ein Maschinengroßhändler kalkuliert mit einer Handelsspanne von 25%. Der Listeneinkaufspreis einer Maschine beträgt 12.500,- EUR (ohne USt). Der Hersteller gewährt 4% Rabatt und 3% Skonto. Die Bezugskosten werden mit 5% vom Bareinkaufspreis ermittelt. Der Handlungsgemeinkostenzuschlag beträgt 14%. Der Maschinengroßhändler gewährt seinen Kunden 8% Rabatt und 2% Skonto.

AP

Errechnen Sie den Gewinn des Maschinengroßhändlers beim Verkauf dieser Maschine in EUR und in Prozent.

5. **Wie hoch ist der Rohgewinnaufschlagsatz (Kalkulationszuschlag) bei einem Rohgewinn von 58%?** (auf 2 Stellen nach dem Komma berechnen)

3.5 Währungsrechnen

Seit der Einführung des Euro spielt dieses Thema in der Prüfung eine kleinere Rolle als vorher. Trotzdem gibt es ja noch genug Länder, die nicht zum Euro-Gebiet gehören und Währungsrechnen sollte jeder Kaufmann beherrschen.

3.5.1 Kennen Sie die „Euro-Staaten"?

Uli N. hat dieses Jahr vier Wochen Sommerurlaub während der Berufschulferien. Er plant zusammen mit seinem Freund eine Interrailtour durch Europa. Die beiden wollen nur Länder bereisen, in denen der Euro offizielles Zahlungsmittel ist.

Auf dem Besichtigungsprogramm stehen bisher folgende Vorschläge:

London, Foltermuseum im Tower
Paris, Eiffelturm und Moulin Rouge
Pisa, wegen der Studie…
Oslo, Norwegerpullover für Oma kaufen
Madrid, die nette Brieffreundin aus Spanien besuchen
Genf, umsonst bei Onkel Willibald übernachten
Athen, Gyrosessen auf der Akropolis
Budapest, liegt irgendwie auf dem Weg
Stockholm soll auch ganz schön sein
Dublin, falls das Wetter nicht zu schlecht ist

Welche Reiseländer kommen in Frage? Haben Sie noch andere Vorschläge?

3.5.2 Übungstext zum Thema Euro

Setzen Sie bitte die angegebenen Wortbausteine an die richtige Stelle des Textes.

Wortbausteine:

Innenwert	**1.1.99**	**fünf Stellen**	**alle Währungen**
unverändert	**12**	**US-Dollar**	**Preiserhöhungen**
inoffiziell	**der Teuro**	**Außenwert**	

WISSENSWERTES ÜBER DEN EURO:

Seit dem __________ gilt der Euro als Währung in der europäischen Währungsunion. Der amtliche Umrechnungskurs Euro/DM für den Euro-Umtausch steht ein für alle mal fest: 1 Euro = 1,95583 DM.

Die endgültige Fixierung gilt nicht nur für die D-Mark, sondern für _____ ________ der Euro-Teilnehmer.

Das sind derzeit ___ europäische Staaten, weitere sollen in den nächsten Jahren dazukommen.

Auch in anderen Ländern hat sich der Euro inzwischen zum beliebten Zahlungsmittel entwickelt, allerdings _________ neben der bestehenden Landeswährung.

Beim Euro-Umtausch wurden alle Beträge nach dem amtlichen Kurs auf ____ _________ exakt umgerechnet. Runden war nicht erlaubt. Trotzdem stiegen manche Preise nach der Euro-Einführung zum Teil deutlich an. Das brachte unserer neuen Währung einen Spitznamen ein: ___ _______.

Schuld war daran jedoch eigentlich nicht der Euro, sondern______________, die gleichzeitig mit seiner Einführung stattfanden.

Der Wert des Euro im Verhältnis zu einer anderen Währung wird als _______________ bezeichnet (z.B. Euro und US-Dollar).

Nicht zu verwechseln mit dem ____________. Dieser ist der feste Umrechnungskurs zwischen Euro und einer nationalen Währung eines Euro-Landes (z.B. Euro und D-Mark).

Der Außenwert bleibt bei festen Wechselkursen ____________, unterliegt aber bei flexiblen Kursen Schwankungen, die von unterschiedlichen Ursachen beeinflusst werden können. Steigender Außenwert bedeutet Aufwertung, sinkender Außenwert Abwertung des Euro.

Von besonderem Interesse ist die Kursentwicklung des Euro im Verhältnis zum ______________. Dies können Sie in den Wirtschaftsnachrichten verfolgen.

3.5.3 Typische Zwischenprüfungsaufgaben Währungsrechnen

ZP

1. Die BM-Baumaschinenhandels GmbH aus Bonn importiert im November 2003 eine Maschine aus Japan im Wert von netto 792.090 JPY. Der amtliche Umrechnungskurs beträgt 121,86. Der deutsche Zoll beträgt 5,5% vom Wert des eingeführten Gegenstandes.

a. Wie viel EUR kostet die Maschine einschließlich Zoll?

b. Wie viel EUR muss der deutsche Importeur an Einfuhrumsatzsteuer entrichten?

ZP

2. Sie bearbeiten die monatliche Buchführung eines Mandanten. Dort finden Sie eine noch nicht bezahlte Lieferantenrechnung, die als Verbindlichkeit zu buchen ist. Der australische Lieferant berechnet 24.300 AUD (Australische Dollar). Bei Ihrer Bank erhalten Sie die Auskunft: Briefkurs 1,7947, Geldkurs 1,7534 .

Mit welchem EUR-Betrag ist die Verbindlichkeit zu buchen?

ZP

3. Werner Gurke, Gemüsegroßhändler aus Gera, importiert aus Ungarn 2 Container Paprika mit je 1.500 Kisten. Jede Kiste enthält etwa 2 kg Paprika. Die Lieferung kostet insgesamt 1.030.428,00 HUF , 24 Kisten müssen als Transportverlust berücksichtigt werden und der Kurs für ungarische Forint beträgt: 245,34 HUF = 1 EUR.

Berechnen Sie den tatsächlichen Preis für ein Pfund Paprika in EUR.

3.5.4 Typische Abschlussprüfungsaufgaben Währungsrechnen

1. Uli N. hat zum 18. Geburtstag eine Reise ins Disneyland nach Florida geschenkt bekommen. Vor der Reise wechselt er 850,00 EUR in US-Dollar um. (Briefkurs: 0,985)

   Nach seiner Rückkehr hat Uli noch 100,00 US-Dollar übrig, die er wieder in EUR zurückwechselt. Die Bank zahlt ihm dafür 95,00 EUR aus.

Welchen Betrag in US-Dollar erhält Uli für 850,00 EUR?

Mit welchem Kurs hat die Bank beim Rücktausch gerechnet?

2. Die Schwarzwalduhren GmbH aus Villingen exportiert Kuckucksuhren nach Japan. Die Rechnung wird am 02.12.2002 erstellt und beläuft sich auf 609.300 JPY (Japanische Yen). Die Rechnung ist am 02.02.2003 zur Zahlung fällig.

   Der Kurs für den Japanischen Yen beträgt am 02.12.2002 121,85 , am 31.12.2002 121,95 und am 02.02.2003 122,30.

a. **Bewerten und Buchen Sie die Rechnung vom 02.12.2002.**

b. **Mit welchem Wert setzen Sie die Forderung am Bilanzstichtag 31.12.2002 an? Bitte begründen Sie.**

c. **Welche Buchung nehmen Sie bei der Zahlung am 02.02.2003 vor? Warum?**

Wenn Sie in der Praxis Währungen umrechnen müssen und wissen den Wechselkurs nicht, können Sie im Internet unter www.wechselkurse.de nachschauen. Dort gibt es sogar einen bequemen automatischen Umrechner für Währungen aus aller Welt. Leider gibt es in der Prüfung keinen Internetanschluss....

3.6 Sonstige Aufgabenstellungen

3.6.1 Durchschnittsbewertung

Der Steuerpflichtige legt Ihnen zur Bewertung seines Warenbestandes folgende Informationen vor:

AP

Der Anfangsbestand (2.000 Stück) wurde in der letzten Bilanz mit 4.400,- EUR ausgewiesen.

Im Laufe des Jahres wurden folgende Einkäufe getätigt:

Tag	Menge	Einzelpreis/Stück
22. Feb.	10.000 Stück	2,80 EUR
10. Juni	18.000 Stück	2.54 EUR
12. Nov.	21.000 Stück	2,45 EUR
06. Dez.	13.000 Stück	2,91 EUR

Warenbestand am 31.12. lt. Inventur : 5000 Stück.

Mit welchem Wert ist der Warenbestand anzusetzen, wenn die Durchschnittsbewertung angewandt werden soll?

3.6.2 Bewertung in der Schlussbilanz

AP

Für die Bewertung der Fertigerzeugnisse liegen die folgenden Zahlen vor:

Anfangsbestand am 01.01.	89.000,00 EUR
Schlussbestand lt. Inventur am 31.12.	84.000,00 EUR
(bewertet zu Herstellungskosten der Erzeugung)	
Vertriebsgemeinkosten	3.900,00 EUR
Verwaltungsgemeinkosten	9.500,00 EUR
Schlussbestand lt. Inventur, bewertet zum Teilwert	87.000,00 EUR

Mit welchem Wert ist der Schlussbestand in der Bilanz anzusetzen? Bitte begründen Sie Ihre Entscheidung.

3.6.3 Betriebsvermögensvergleich

Die Steuerpflichtige Klara Kauffmann ermittelt Ihren Gewinn durch Betriebsvermögensvergleich nach § 4 Abs. 1 EStG. Frau Kauffmann legt Ihnen folgende Werte vor:

AP

Anlagevermögen 31.12.2002	60.430,00 EUR
Anlagevermögen 31.12.2003	75.000,00 EUR
Umlaufvermögen 31.12.2002	62.370,00 EUR
Umlaufvermögen 31.12.2003	58.920,00 EUR
Schulden 31.12.2002	120.000,00 EUR
Schulden 31.12.2003	105.000,00 EUR
Entnahmen in 2003	18.000,00 EUR
Einlagen in 2003	3.000,00 EUR

Ermitteln Sie den Gewinn für 2003. Rechenwege mit Bezeichnung der Beträge angeben.

3.6.4 Berechnung der Herstellungskosten

Ihr Mandant, Schreinermeister Holzwurm aus Holzminden, hat seine Büromöbel selber hergestellt. Er gibt Ihnen folgende Werte an:

AP

Rohmaterial Holz	2.500,- EUR
Lohnkosten	3.500,- EUR
Materialgemeinkosten	42%
Fertigungsgemeinkosten	145%
Verwaltungsgemeinkosten	10%
Vertriebsgemeinkosten	5%

Die Möbel wurden am 01.07.2002 fertiggestellt. Ihre betriebsgewöhnliche Nutzungsdauer liegt bei 10 Jahren.

Berechnen Sie die Herstellungskosten und den Buchwert zum 31.12.2002. Herr Holzwurm wünscht den niedrigstmöglichen Gewinn.

RAUM FÜR EIGENE NOTIZEN:

Jahresabschluss-Analyse

4 Jahresabschlussanalyse

Ihre Ausbildung umfasst auch die wichtigsten Grundbegriffe zur Jahresabschlussanalyse. In den letzten Jahren beobachtet man in den Abschlussprüfungen einen Trend hin zu diesem Thema. Allerdings wird bisher nur das Berechnen von Kennzahlen ohne analysierende Bewertung verlangt.

4.1 Grundbegriffe und Kennzahlen

4.1.1 Grundwissen Lückentext

Lesen Sie den folgenden Text aufmerksam durch und ergänzen Sie die Lücken sinnvoll.

Bei der Auswertung des Jahresabschlusses untersucht und beurteilt man Positionen aus ________ und________ ___ ________. Mit Hilfe von verschiedenen Kennzahlen kann man sich ein aussagekräftiges Bild über die Vermögenslage, Finanz- und ________lage des Betriebes machen. Vergleicht man diese Kennzahlen über Jahre hinweg, ist die ________ des Betriebes mit all seinen positiven und hemmenden Aspekten sichtbar. Besonders interessant ist ein Fremdvergleich mit Zahlen anderer Unternehmen der ______ Branche.

In größeren Unternehmen werden nicht nur die Jahresabschlüsse analysiert, sondern bereits viel ______ Zeiträume, z.B. Monatsauswertungen. Mitarbeiter, die sich auf diese Tätigkeit spezialisiert haben, nennt man ________. Ihre Aufgabe ist es, Schwachstellen im Betrieb so früh wie möglich aufzuspüren.

Bevor ein Abschluss analysiert werden kann, muss er erst einmal ________ werden. Das bedeutet: verschiedene Bilanzposten und Positionen der G+V werden nach bestimmten Aspekten zusammengefasst.

Die Werte der Bilanz liefern uns Aussagen zur Vermögens- und Finanzstruktur. Die Aktivseite der Bilanz zeigt, wie das ________ des Betriebes investiert ist (in Anlage- oder Umlaufvermögen), die Passivseite zeigt uns, wie das Vermögen ________ wurde (durch Eigen- oder Fremdkapital).

Aus der G+V können wir ________- und Ertragstrukturen feststellen. Wir sind in der Lage zu ermitteln, wie viel Geld ein Betrieb für Investitionen oder Schuldentilgung zur Verfügung hat. Für diese Kennzahl, die Cash-Flow genannt wird, interessieren sich vor allem auch die Sachbearbeiter der Kreditinstitute.

Je mehr „Insider"-Kenntnisse man über einen Betrieb hat, desto treffender kann man die Kennzahlen des Abschlusses deuten. Für ____________ sind hier Grenzen gesetzt, weil sie z.B. nichts über die Leistungsfähigkeit der Mitarbeiter, schwebende Geschäfte oder Auslastung der Maschinen wissen können.

Für uns als Steuerfachangestellte ist die Auswertung des Monats- oder Jahresabschlusses ein interessantes Gebiet. Unsere Mandanten erwarten nicht nur die sachgerechte Erledigung der ____________, sondern wünschen sich oft auch Beratung hinsichtlich betrieblicher ________________. Dafür ist die Kennzahlenanalyse eines der wichtigsten Werkzeuge.

4.1.2 Aussage der Kennzahlen

Sie sollten die Kennzahlen nicht nur per Formel berechnen können, sondern auch verstehen, was das Ergebnis aussagt.

Sie finden in dieser Aufgabe Aussagen über verschiedene Kennzahlen, die Bezeichnungen und die entsprechenden Berechnungsformeln.

Bitte ordnen Sie jeder Aussage die richtige Kennzahl-Bezeichnung und die passende Formel zu. (Achtung, manchmal keine Formel, manchmal bis zu drei Formeln zuzuordnen).

1. Diese Kennzahl gibt an, wie stark ein Betrieb mit Anlagevermögen arbeitet. Bei einem Stahlwerk ist diese Zahl sicher viel höher als bei einem Steuerberater.

2. Diese Größe gibt an, in welcher Höhe der Inhaber oder die Gesellschafter an der Finanzierung des Unternehmens beteiligt sind. Je höher dieser Wert, desto gesünder ist das Unternehmen.

3. Diese Kennzahl zeigt uns den prozentualen Anteil des Umlaufvermögens am Gesamtvermögen eines Betriebes.

4. Dieser Wert entspricht der Bilanzsumme aller Aktiva.

5. Mit dieser Zahl wissen wir, inwieweit ein Unternehmen von fremden Kreditgebern finanziert ist. Je höher diese Zahl ist, desto ungünstiger für den Betrieb.

6. Diese Kennziffer wird in drei verschiedenen Varianten berechnet. Mit ihr können wir sehen, ob das Anlagevermögen auf gesunde Weise langfristig finanziert ist. Das ist der Fall, wenn die Kennzahl > 1 ist.

7. Auch diese Kennziffer gibt es in drei verschiedenen Varianten. Sie zeigt an, inwieweit ein Betrieb in der Lage ist, seine kurzfristigen Verbindlichkeiten pünktlich zu bezahlen.

8. Diese Zahl gibt an, wie hoch das im Betrieb eingesetzte Eigenkapital verzinst wurde.

9. Diese Kennzahl mit englischen Namen hilft uns bei der Beurteilung der Schuldentilgungs- und Investitionskraft eines Unternehmens. Sie ist eine der wichtigsten Kennzahlen und vor allem auch bei Verhandlungen mit Banken über Kredite sehr wichtig.

10. Mit Hilfe dieser Zahl können wir sagen, wie viel Gewinn von 100 Umsatz durchschnittlich übrig bleibt.

11. Hier sehen wir das gesamte Kapital – Eigen- und Fremdkapital – welches im Unternehmen eingesetzt ist. Sie entspricht der Bilanzsumme aller Passiva abzüglich eventuellem negativen Kapital.

BEZEICHNUNGEN:

Umsatzrentabilität / Fremdkapitalquote / Gesamtvermögen
Cash Flow / Eigenkapitalrentabilität / Liquidität Grad I, II, III
Gesamtkapital / Anlagenintensität / Anlagendeckung Grad I, II und III / Eigenkapitalquote / Umlaufintensität

FORMELN:

$\frac{\text{Anlagevermögen x 100}}{\text{Gesamtvermögen}}$ $\frac{\text{Umlaufvermögen x 100}}{\text{Gesamtvermögen}}$

$\frac{\text{EK}}{\text{AV}}$ $\frac{\text{EK + mittel- und langfr. FK}}{\text{AV + langfristiges UV}}$

$\frac{\text{Jahresüberschuss x 100}}{\text{EK}}$ $\frac{\text{Gewinn x 100}}{\text{Umsatz}}$

$\frac{\text{(flüssige Mittel + Forderungen) x 100}}{\text{kurzfristiges FK}}$ $\frac{\text{UV x 100}}{\text{kurzfristiges FK}}$

Jahresüberschuss/Jahresfehlbetrag
+ Abschreibungen auf WG des Anlagevermögens
+/- Veränderungen der Rückstellungen
= ???

$\frac{\text{Eigenkapital x 100}}{\text{Gesamtkapital}}$ $\frac{\text{EK + langfr. FK}}{\text{AV}}$

$\frac{\text{FK x 100}}{\text{GK}}$ $\frac{\text{flüssige Mittel x 100}}{\text{kurzfristiges FK}}$

4.1.3 Aufbereitung und Kennzahlen der Bilanz

Hier finden Sie vereinfachte Bilanzen der Max und Moritz OHG.

Bilanz zum 31.12.2002.

AKTIVA		PASSIVA	
A Anlagevermögen		**A Eigenkapital**	
I. Sachanlagen		I. Kapital Max	450.000,00
1. Grundstücke	350.000,00	II. Kapital Moritz	450.000,00
2. Gebäude	930.000,00	III Gewinn	123.200,00
3. Maschinen	150.000,00	B Verbindlichkeiten	
4 BGA	10.000,00	1. Hypothek	450.000,00
5. Fahrzeuge	30.000,00	2. Darlehen	250.000,00
B Umlaufvermögen		3. Verb. aus L+L	22.000,00
I. Vorräte		4. Sonst.Verb.	8.000,00
1. Rohstoffe	55.000,00		
2.Fertige Erzeugn.	24.000,00		
II. Forderungen	93.000,00		
III. Zahlungsmittel			
1. Bank	110.000,00		
2. Kasse	1.200,00		
	1.753.200,00		1.753.200,00

Bilanz zum 31.12.2003

AKTIVA		PASSIVA	
A Anlagevermögen		**A Eigenkapital**	
I. Sachanlagen		I. Kapital Max	511.600,00
1. Grundstücke	350.000,00	II. Kapital Moritz	511.600,00
2. Gebäude	890.000,00	III Gewinn	95.650,00
3. Maschinen	280.000,00	B Verbindlichkeiten	
4 BGA	8.000,00	1. Hypothek	450.000,00
5. Fahrzeuge	55.000,00	2. Darlehen	280.000,00
B Umlaufvermögen		3. Verb.aus L+L	25.000,00
I. Vorräte		4. Sonst.Verb.	9.000,00
1. Rohstoffe	105.000,00		
2.Fertige Erzeugn.	14.000,00		
II. Forderungen	110.000,00		
III. Zahlungsmittel			
1. Bank	70.000,00		
2. Kasse	850,00		
	1.882.850,00		1.882.850,00

a. Bereiten Sie die Bilanzen in einem geeigneten Schema für die Analyse auf.

b. Berechnen Sie die folgenden Kennzahlen:

- **Anlagenintensität**
- **Umlaufintensität**
- **Eigenkapitalquote**
- **Fremdkapitalquote**
- **Anlagendeckung I + II**
- **Liquidität I + II**

c. Was könnten die errechneten Kennzahlen aussagen? Wagen Sie eine Beurteilung.

4.1.4 Aufbereitung und Kennzahlen der G+V

Hier finden Sie eine vereinfachte G+V der Max und Moritz OHG in Staffelform mit Vorjahreswerten:

Gewinn und Verlustrechung	**31.12.2003 EUR**	**Vorjahr EUR**
Umsatzerlöse	1.310.000,00	1.110.000,00
- Materialeinsatz	374.650,00	339.025,00
= Rohgewinn	**935.350,00**	**770.975,00**
- Personalkosten	485.300,00	321.200,00
- Raumkosten	8.400,00	7.900,00
- Fahrzeugkosten	12.600,00	11.400,00
- Abschreibungen	62.000,00	49.000,00
- Zinsaufwand	52.500,00	56.575,00
- Sonstige betriebliche Aufwendungen	210.100,00	195.500,00
- Betriebliche Steuern	8.800,00	6.200,00
= Jahresüberschuss	**95.650,00**	**123.200,00**

Berechnen Sie folgenden Kennzahlen im Zusammenhang mit Aufgabe 4.1.2.:

Eigenkapitalrentabilität, Umsatzrentabilität, Cash-Flow.

Was können uns diese Zahlen zur Lage der OHG sagen?

4.1.5 Typische Abschlussprüfungsaufgaben

1. Aus dem Jahresabschluss eines Elektrogroßhändlers liegen Ihnen folgende Zahlen vor:

AP

Wareneinkauf Geschäftsjahr	343.000,00 EUR
Warenanfangsbestand 01.01.	75.000,00 EUR
Warenendbestand 31.12.	63.000,00 EUR
Umsatzerlöse	987.000,00 EUR
Gewinn	85.000,00 EUR

Berechnen Sie den Wareneinsatz.

Berechnen Sie den Rohgewinn.

Berechnen Sie den Rohgewinnaufschlagsatz.

Berechnen Sie die Umsatzrentabilität.

2. Aus dem Jahresabschluss einer GmbH liegen Ihnen folgende Daten vor:

AP

Eigenkapital	250.000
Fremdkapital	175.000
Zinsen für Fremdkapital	10.500
Jahresüberschuss	55.000 (nicht im Eigenkapital enthalten)
Umsatzerlöse	850.000

Berechnen Sie: Eigenkapitalrentabilität, Gesamtkapitalrentabilität und Umsatzrentabilität in %.

2. Zwei konkurrierende Autohäuser sollen anhand der effektiven Verzinsung ihres Eigenkapitals verglichen werden.

AP

	Autohaus A EUR	Autohaus B EUR
Aufwendungen	1.351.000,00	896.000,00
Erträge	1.456.000,00	989.000,00
Eigenkapital	550.000,00	420.000,00

Beweisen Sie, welches Autohaus die höhere Verzinsung des Eigenkapitals aufweist.

4. Aus der ordnungsgemäßen Buchführung eines Unternehmens sind folgende Werte zu ersehen:

AP

Warenanfangsbestand	65.000,00 EUR
Warenverkauf	360.000,00 EUR
Wareneingang	175.000,00 EUR
Warenbezugskosten	9.200,00 EUR
Rücksendungen an Lieferanten	11.300,00 EUR
Preisnachlässe Lieferanten	7.400,00 EUR
Liefererboni	3.600,00 EUR
Liefererskonti	1.900,00 EUR
Erlösschmälerungen	2.400,00 EUR
Kundenboni	6.800,00 EUR
Kundenskonti	4.900,00 EUR
Geschäftskosten	81.000,00 EUR
Inventurendbestand	57.500,00 EUR

Berechnen Sie:

- **Wareneinsatz**
- **Rohgewinn**
- **Reingewinn**
- **Handelsspanne**
- **Kalkulationszuschlag**

5. Ein Unternehmer legt im Auszug folgende Gewinn- und Verlustrechung vor:

AP

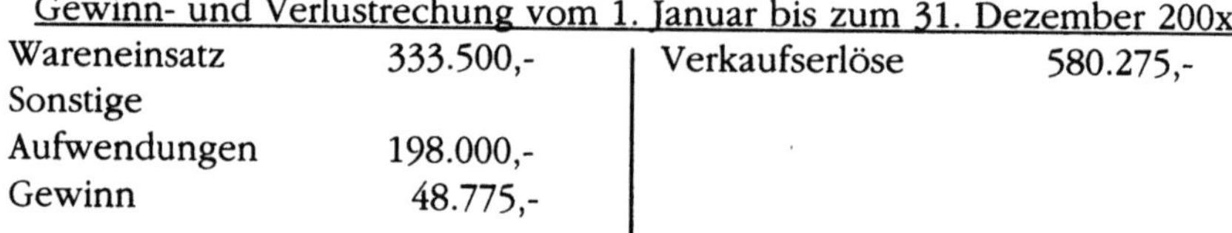

Gewinn- und Verlustrechung vom 1. Januar bis zum 31. Dezember 200x

Wareneinsatz	333.500,-	Verkaufserlöse	580.275,-
Sonstige Aufwendungen	198.000,-		
Gewinn	48.775,-		

Der Warenbestand betrug am 1. Januar 45.000,- EUR und am 31.Dezember 38.000,- EUR.

a. Ermitteln Sie die Umsatzrentabilität!

b. Ermitteln Sie den Rohgewinn!

c. Ermitteln Sie den Rohgewinnaufschlagsatz!

4.1.6 Umfangreiche Bilanzanalyse

Eine derartige Aufgabe war Bestandteil einer letzten Sommerprüfung. Man sieht: dieses Thema wird in einigen Kammerbereichen immer wichtiger.

Für Ihren Mandanten Werner Schlaumeier sollen Sie eine Bilanzanalyse anhand folgender Werte vornehmen:

AP

Bilanz zum 31.12.2002

AKTIVA	EUR	PASSIVA	EUR
Anlagevermögen	240.000,00	Eigenkapital	150.000,00
Umlaufvermögen		Fremdkapital	
Vorräte	110.000,00	langfristiges FK	280.000,00
Forderungen	120.000,00	kurzfristiges FK	70.000,00
Bank	25.000,00		
Kasse	5.000,00		
Bilanzsumme	500.000,00	Bilanzsumme	500.000,00

GEWINN- UND VERLUSTRECHUNG 01.JANUAR BIS 31. DEZEMBER 2002

Aufwendungen	290.000,00	Erlöse	380.000,00
Jahresüberschuss	90.000,00		
Kontensumme	380.000,00	Kontensumme	380.000,00

Berechnen Sie:

- **Eigenkapitalrendite**
- **Umsatzrendite**
- **Deckungsgrad I**
- **Deckungsgrad II**
- **Liquidität I. Grades**
- **Liquidität II. Grades**
- **Liquidität III. Grades**

RAUM FÜR EIGENE NOTIZEN:

Prüfungsteil

5. Prüfungsteil

Hier finden Sie umfassende Aufgabenstellungen, die Sie fit für Prüfung und Praxis machen. Mit den Zwischen- und Abschlussprüfungen, die wir anhand von verschiedenen Original-Prüfungen erarbeitet haben, können Sie sich unter Prüfungsbedingungen testen und bewerten.

5.1 Grundsätzliches

5.1.1 Allgemeines zur Prüfungsvorbereitung

Zwischenprüfungen erstrecken sich grundsätzlich auf die im **ersten Lehrjahr** zu vermittelnden Kenntnisse. Sie und Ihr Ausbilder sollen sich von Ihrem Wissensstand ein Bild machen können.

Die **Teilnahme** an der Zwischenprüfung ist **Voraussetzung** für die **Zulassung** zur **Abschlussprüfung**. Selbst wenn Sie in allen Gebieten versagen, reicht es aus, teilgenommen zu haben. Natürlich werden Sie die Zwischenprüfung nicht auf die leichte Schulter nehmen und sich gut darauf vorbereiten wollen.

Fangen Sie **rechtzeitig** an, sich auf die **Abschlussprüfung** vorzubereiten. Ein Sportler beginnt auch nicht erst einen Monat vor der Olympiade mit dem Training. Spätestens sechs Monate vor der Prüfung sollten Sie damit beginnen, „alten Stoff" wieder aufzuarbeiten.

Besorgen Sie sich so viele **Original-Prüfungsaufgaben** wie Sie bekommen können – und üben Sie!

Ich empfehle Ihnen, die Prüfungssituation entweder in der Schule oder allein zu Hause so gut wie möglich zu simulieren.

DAS BEDEUTET:

Kopieren Sie sich die Prüfungen aus diesem Buch in das Format DIN a 4. In der echten Prüfung müssen Sie auch meistens Ihre Antworten direkt unter die Aufgaben schreiben. Wenn Sie auf diese Art üben, gewöhnen Sie sich daran und lernen, den Platz sinnvoll einzuteilen.

Stellen Sie sicher, dass Sie in der nächsten Zeit absolut ungestört sind. (Handy ausschalten nicht vergessen...)

Nehmen Sie sich einen Kurzzeitwecker (so etwas gibt es „bei Mutter“ in der Küche) oder einen richtigen Wecker, um die Zeit genau zu stoppen.

Legen Sie auf ihren Arbeitsplatz nur die Steuergesetze, Kontenplan (und evtl. Steuerrichtlinien, BGB und HGB, falls es Ihre Kammer erlaubt. Fragen Sie den Berufschullehrer.)

Ansonsten benötigen Sie nur noch einige Blätter, einen Stift, Lineal, Taschenrechner und den in Ihrer Kammer üblichen verkürzten Kontenplan. Falls Sie keinen Kontenplan besitzen, finden Sie eine Version der DATEV SKR 03 und 04 in Kurzform als Anhang zur Abschlussprüfung 3.

Setzen Sie sich hin, stellen Sie die bei der Prüfung angegebene Zeit auf ihrem Wecker ein – und los geht es!

Wenn der Wecker klingelt, schreiben Sie nur noch das angefangene Wort zu Ende!

Die **Lösungen** finden Sie im Internet unter www.gabler.de/dittrich mit Punktevergabe. Nun können Sie Ihre Leistung bewerten. Seien Sie hart! Geben Sie sich nur die volle Punktzahl, wenn auch die Antwort 100% richtig ist.

Erfahrungsgemäß schneidet man in tatsächlichen Prüfungen ein wenig schlechter ab, als bei der Prüfungssimulation in gewohnter Umgebung. Also geben Sie sich bitte nicht zufrieden, wenn Sie „gerade mal so“ die Hälfte der Punktzahl erreichen.

Noch ein spezieller **Tipp zum Thema Taschenrechner**: Sie benötigen unbedingt ein Modell mit Batterie! Solarrechner sind zwar eine umweltfreundliche Sache, aber in manchen Räumen reicht das Licht für ein einwandfreies Funktionieren nicht aus. Bei einem Kombi-Modell springt in diesem Fall die Batterie ein.

5.2 Zwischenprüfungen

Die folgenden Zwischenprüfungen unterscheiden sich ein wenig im Aufbau. Wir haben sie an die Fragetechnik und den optischen Aufbau verschiedener Steuerberaterkammern angelehnt. Beachten Sie bitte auch, dass bei manchen Kammern keine Punktzahlen zu den Einzelaufgaben angegeben sind. Hier finden Sie die Punkteverteilung nur in den Lösungen.

5.2.1 Zwischenprüfung 1

ZWISCHENPRÜFUNG RECHNUNGSWESEN

ARBEITSHINWEISE

Arbeitszeit 60 Minuten

Gesamtpunktzahl: 40

Es sind 3 Aufgaben aus dem Wirtschaftsrechnen und 7 Fälle aus der Buchführung zu bearbeiten.

Die Lösungen der Aufgaben aus dem Wirtschaftsrechnen erfordern eine vollständige Darstellung. Das Ergebnis der Rechung muss nachvollziehbar sein.

Die Geschäftsfälle sind zu kontieren.

Nebenrechnungen und Begründungen mir Paragraphen sind aufzuzeigen.

Achten Sie auf eine saubere und übersichtliche Darstellung.

Viel Erfolg

Aufgabe 1 (4 Punkte)

Eine Hobel-Maschine wurde am 1. Juni 2001 angeschafft, Nutzungsdauer 8 Jahre. Zum 31. Dezember 2002 hat die Maschine noch einen Buchwert von 12.800,- EUR.

Berechnen Sie die Anschaffungskosten der Maschine in 2001. Der Unternehmer hat immer höchstmöglich abgeschrieben. Die Voraussetzungen für Sonderabschreibungen lagen nicht vor.

Lösung:

Aufgabe 2 (3 Punkte)

Ein Unternehmer ermittelt seinen Gewinn durch Betriebsvermögensvergleich gem. § 5 EStG Es liegen folgende Zahlen vor:

Anlagevermögen zum	31.12.2001	80.000,00
Anlagevermögen zum	31.12.2002	90.000,00
Umlaufvermögen zum	31.12.2001	35.000,00
Umlaufvermögen zum	31.12.2002	20.000,00
Schulden zum 31.12.2001		130.000,00
Schulden zum 31.12.2002		95.000,00
Entnahmen 2002		10.000,00
Einlagen 2002		5.500,00

Ermitteln Sie den Gewinn zum 31.12.2002

Lösung:

Aufgabe 3:(2 Punkte)

Eine Großhandlung musste aus Konkurrenzgründen den ursprünglichen Barverkaufspreis von 360,00 EUR um 20,00 EUR senken.
Wie viel Prozent Gewinn verbleibt dem Großhändler, wenn der Bareinkaufspreis 235,00 EUR, die Bezugskosten 15,00 EUR + 16%USt = 2,40 EUR = 17,40 EUR und der Handlungskostenzuschlag 25% betragen?

Lösung:

TEIL 2 BUCHFÜHRUNG (7 GESCHÄFTSFÄLLE)

Kontieren Sie die folgenden Geschäftsfälle.

Die Umsätze werden nachvereinbarten Entgelten zum allgemeinen Steuersatz versteuert. Die Nebenrechnungen und gesetzlichen Bestimmungen sind aufzuzeigen. Es wird unterstellt, dass kein Kontokorrent zugrunde liegt.

Fall 1: (5 Punkte)

Verkauf von Handelswaren auf Ziel, netto	20.000,00 €
+ Leihverpackung	500,00 €
+ Fracht	650,00 €
=	21.150,00 €
+ 16% USt	3.384,00 €
=	24.534,00€

Buchungstext/Nebenrechnungen	Konto	Soll	Haben

Der Kunde bezahlt die Rechnung (siehe voriger Fall) durch Banküberweisung unter Abzug von 2% Skonto vom reinen Warenwert. Überweisungsbetrag 24.070,00 EUR.

Buchungstext/Nebenrechnungen	Konto	Soll	Haben

Fall 2 (3 Punkte)

Der Kunde sendet uns die Leihverpackung (siehe Fall 1) zurück. Wir schreiben ihm 4/5 des Wertes gut. Wir haben zur Zeit 1.800,00 EUR Forderungen an den Kunden.

Buchungstext/Nebenrechnungen	Konto	Soll	Haben

Fall 3 (3 Punkte)

Ein deutscher Unternehmer bezieht aus Polen Waren im Wert von netto 15.000,00 EUR auf Ziel. Den fälligen Einfuhrzoll in Höhe von 2.250,00 EUR und die Einfuhrumsatzsteuer in Höhe von 2.400,00 EUR bezahlt er durch Bankscheck.

Buchungstext/Nebenrechnungen	Konto	Soll	Haben

Fall 4 (5 Punkte)

Das Konto 0240 enthält den Buchwert von 2 Gebäuden:

Gebäude 1:	Herstellungskosten	125.000,00
	Buchwert 31.12.2001-	80.000,00
	Lineare AfA 2%	
Gebäude 2:	Herstellungskosten	300.000,00
	Buchwert 31.12.2001	112.500,00
	Degressive AfA § 7(5) Nr. 1	
	Bauantrag April 1991, bezugsfertig November 1992	

Buchen Sie die AfA-Beträge zum 31.12.2002

Buchungstext/Nebenrechnungen	Konto	Soll	Haben

Fall 5 (8 Punkte)

Kauf einer neuen Maschine gegen Bankscheck am 1. Dezember 2002, 15.000,00 EUR + 16% USt 2.400,00 EUR = 17.400,00 EUR. Der Kauf ist noch nicht gebucht. Die Maschine wird für steuerpflichtige und steuerfreie Umsätze, die den Vorsteuerabzug ausschließen, verwendet. (80% Abzugsumsätze, 20% Ausschlussumsätze). Die betriebsgewöhnliche Nutzungsdauer beträgt 8 Jahre. Das Betriebsvermögen des Unternehmers 2001 beträgt 200.000,00 EUR. Der Steuerpflichtige wünscht einen niedrigstmöglichen Gewinn.

Nehmen Sie alle notwendigen Buchungen einschließlich der Abschreibung für das Jahr 2002 vor

Buchungstext/Nebenrechnungen	Konto	Soll	Haben

Fall 6 (3 Punkte)

Im Juli 2002 werden einem Einzelunternehmer für Wertpapiere des Umlaufvermögens auf dem betrieblichen Bankkonto an Dividenden gutgeschrieben. Die Abrechnung der Bank lautet:

Bruttodividenden	1.000,00 EUR
- Kapitalertragsteuer	200,00 EUR
- Solidaritätszuschlag	11,00 EUR
Gutschrift	789,00 EUR

Buchungstext/Nebenrechnungen	Konto	Soll	Haben

Fall 7 (4 Punkte)

Ein Unternehmer nutzt sein betriebliches Telefon und die gekaufte Telefonanlagen zu 25% für private Zwecke. Die Telefonrechnung sowie die anteilige Privatnutzung sind für Mai 2002 noch nicht gebucht. Die Telefonanlage wurde im Jahr 2001 mit 210,00 EUR auf 0,00 EUR abgeschrieben.

Die Telefonrechnung wird durch Banklastschrift eingezogen; sie lautet für Mai 2002 wie folgt:

Komfortanschluss	22,55 €
Beträge für Verbindungen	435,50 €
=	458,05 €
+ 16% USt	73,29 €
= Rechnungsbetrag	531,34 €

Buchungstext/Nebenrechnungen	Konto	Soll	Haben

5.2.2 Zwischenprüfung 2

ZWISCHENPRÜFUNG RECHNUNGSWESEN

Arbeitszeit: 60 Minuten

Gesamtpunktzahl: 20

Beachten Sie:

Nutzen Sie den freien Platz unter den Aufgaben!

Saubere, übersichtliche Darstellung!

Bitte kein Bleistift!

Buchungssätze bitte mit Kontonummern!

Stichwortartige Beantwortung genügt, Hinweis auf Paragraphen alleine genügt nicht!

Rechenvorgänge müssen ersichtlich sein, reine Endlösungen werden nicht bewertet!

Viel Erfolg!

TEIL I BUCHFÜHRUNG:

Fall 1:

Vom betrieblichen Bankkonto ihres Mandanten Hugo Krasser, Einzelhändler in Osnabrück, wurden folgende Beträge abgebucht.
Bitte bilden Sie jeweils die Buchungssätze

1.1 Die Einkommensteuernachzahlung für das Jahr 2001 1.200,00 EUR

1.2 Die Gewerbesteuer- Vorauszahlung 2002 1.750,00 EUR

1.3 Die private Hausratversicherung 70,00 EUR

1.4 Eine Lieferantenrechnung, Lieferung aus Ungarn,

Rechnungsbetrag	6.150,00 EUR
Bankgebühren Auslandsüberweisung	10,00 EUR

Fall 2:

Der Großhändler Gunther Holzner erhält von der Möbelfabrik Mayerholz einen Wiederverkäuferrabatt von 30 %. Zusätzlich erhält Holzner einen Mengenrabatt bei der Abnahme von Waren im Wert von über 5.000,00 EUR von 5 %.

Holzner ordert bei Mayerholz Waren im Wert von 12.500,00 EUR.

Bei Zahlung innerhalb von 14 Tagen wird ihm ein Skontoabzug in Höhe von 2 % eingeräumt.

2.1 Buchen Sie bitte den Wareneingang.

2.2 Buchen Sie die Zahlung

Fall 3:

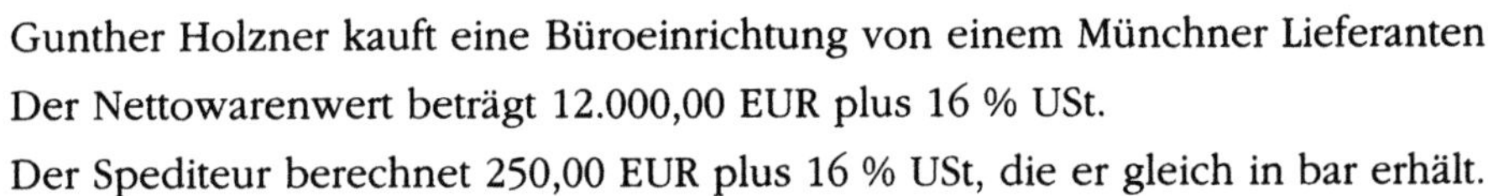

Gunther Holzner kauft eine Büroeinrichtung von einem Münchner Lieferanten.

Der Nettowarenwert beträgt 12.000,00 EUR plus 16 % USt.

Der Spediteur berechnet 250,00 EUR plus 16 % USt, die er gleich in bar erhält.

3.1 Buchen Sie bitte den Rechnungseingang

3.2 Buchen Sie bitte die Speditionsrechnung

3.3 Der Rechnungsbetrag (3.1.) wird unter Abzug von 2 % Skonto per Banküberweisung beglichen.

Fall 4:

Herr Holzner verkauft 03.05.2002 an seinen Kunden Alfred Amper Waren im Wert von 1.500,00 EUR netto. Die Transportkosten, die er in Rechnung stellt, belaufen sich auf 100,00 EUR netto.

Die Zahlungsbedingungen lauten: 3 % Skonto bei Zahlung innerhalb 14 Tagen nach Erhalt der Rechnung.

Amper überweist den Rechnungsbetrag unter Abzug des Skontobetrages und durch Verrechnung einer zuvor an Holzner gestellten Rechnung in Höhe von 348,00 EUR.

4.1 Bitte buchen Sie den Rechnungsausgang

4.2 Buchen Sie bitte die Verrechnung der Gutschrift

4.3 Bitte buchen Sie die Banküberweisung des Restbetrages

Fall 5:

Herr Holzner kauft für seinen Lagerraum am 03.06.2002 ein Regal im Wert von 400,00 EUR plus 16 % Umsatzsteuer. An Transportkosten fallen netto 40,00 EUR an. Die Nutzungsdauer beträgt 5 Jahre.

5.1 Buchen Sie bitte den Kauf

5.2 Einige Regale weisen Kratzer auf. Herr Holzner reklamiert sofort bei seinem Lieferanten. Der gewährt ihm einen Preisnachlass. Am 18.06.2002 geht auf dem betrieblichen Konto ein Gutschriftsbetrag von 58,00 EUR ein. Bitte buchen Sie die Gutschrift.

5.3 Buchen Sie bitte zum 31.12. die höchstmögliche Abschreibung.

Fall 6:

Gunther Holzner kauft Kleinmöbel von seinem ungarischen Lieferanten für insgesamt 6.100,00 EUR. Die Rechnung liegt ihm bereits vor. An der Grenze fiel der Zoll in Höhe von 181,40 EUR und die deutsche Einfuhrumsatzsteuer an, die gleich in bar ausgeglichen wurden.

6.1 Buchen die bitte den Rechnungseingang.

6.2 Buchen Sie bitte die Zollabgaben.

6.3 Berechnen und buchen Sie bitte die Einfuhrumsatzsteuer.

Fall 7:

Gunther Holzner kauft von einem Weingut 8 Flaschen Sekt zu je 7,00 EUR netto. Den Warenwert plus USt bezahlt Gunther gleich in bar.

Gunther schenkt seinem Kunden Waldemar Harthaus zum 50-jährigen Geburtstag 6 Flaschen von dem Sekt. Die beiden verbleibenden Flaschen schenkt Gunther seinem Kunden Lothar Lampe zu Weihnachten.

7.1 Buchen Sie bitte das Geschenk an Herrn Harthaus.

7.2 Buchen Sie bitte das Geschenk an Herrn Lampe.

Fall 8:

Für private Zwecke nutzt Gunther auch den betrieblichen PKW. Ein Fahrtenbuch führt er nicht. Der Listenpreis im Zeitpunkt der Erstzulassung betrug 20.000,00 EUR netto.

Die Anschaffung des PKW erfolgte am 30.06.2000.

8.1 Bitte berechnen Sie die private Nutzung für einen Monat.

8.2 Bitte verbuchen Sie die Zahlen von 8.1.

Fall 9:

Für seinen Betrieb kauft Gunther Holzner ein unbebautes Nachbargrundstück. Der Kaufpreis in Höhe von 40.000,00 EUR wird per Bank überwiesen.

9.1 Buchen Sie bitte den Kauf.

9.2 Berechnen Sie bitte die Grunderwerbsteuer. Diese ist in vier Wochen fällig, bitte buchen Sie auch diesen Vorgang.

Fall 10:

Gunther Holzner verkauft aus seinem Büro ein gebrauchtes Kopiergerät für 550,00 EUR plus 16 % USt bar.

Am Verkaufstag hatte das Kopiergerät einen Buchwert von 475,00 EUR.

10.1 Buchen Sie bitte den gesamten Vorgang.

TEIL II: WIRTSCHAFTSRECHNEN

Fall 11:

Gunther Holzner ermittelt aus seiner Buchhaltung die folgenden Zahlen:

- Warenanfangsbestand 70.000,00 EUR
- Wareneingang (Anschaffungskosten) 480.000,00 EUR
- Warenausgang (netto) 993.500,00 EUR
- Warenendbestand 66.000,00 EUR

11.1 Berechnen Sie bitte den Wareneinsatz.

11.2 Berechnen Sie bitte den Kalkulationszuschlag.

11.3 Berechnen Sie bitte die Handelsspanne.

Fall 12:

In der Bilanz am 31.12.2002 von Gunther Holzner ist eine Maschine mit 11.520,00 EUR ausgewiesen. Die Maschine hat eine Nutzungsdauer von 8 Jahren.

Sie wurde in den Jahren 2001 und 2002 jeweils mit 20 % degressiv abgeschrieben.

12.1 Wie hoch waren die Nettoanschaffungskosten im Jahr 2001?

5.2.3 Zwischenprüfung 3

ZWISCHENPRÜFUNG RECHNUNGSWESEN

Arbeitshinweise

Arbeitszeit 60 Minuten

Es sind 3 Aufgaben aus dem Wirtschaftsrechnen und 7 Fälle aus der Buchführung zu bearbeiten.

Die Lösungen der Aufgaben aus dem Wirtschaftsrechnen erfordern eine vollständige Darstellung. Das Ergebnis der Rechung muss nachvollziehbar sein.

Die Geschäftsfälle sind zu kontieren.

Nebenrechnungen und Begründungen mit Paragraphen sind aufzuzeigen.

Achten Sie auf eine saubere und übersichtliche Darstellung.

Viel Erfolg!

TEIL 1 WIRTSCHAFTSRECHNEN:

Aufgabe 1: (4 Punkte)

Aus der Buchführung liegen für das abgelaufene Geschäftsjahr 2002 folgende zahlen vor:

- Warenanfangsbestand zum 1. Januar 2002 (Kto. 1140) 15.000,00 EUR
- Umsatzerlöse (Kto. 4000) 253.200,00 EUR
- Kundenskonti (Kto. 4700) 8.165,00 EUR
- Einkauf von Waren (Kto. 5200) 120.000,00 EUR
- Warenbezugskosten (Kto. 5800) 4.600,00 EUR
- Lieferantenskonti (Kto. 5700) 5.300,00 EUR
- Warenschlussbestand lt. Inventur zum 31.12.2002 16.800,00 EUR

Ermitteln Sie den Kalkulationsfaktor!

Aufgabe 2: (4 Punkte)

Ein Darlehen, das vom 15. Mai bis 25. Oktober zu 7,5% ausgeliehen war, wurde einschließlich Zinsen mit 15.500,00 EUR zurückgezahlt.

Wie hoch war das Darlehen?

Aufgabe 3: (4 Punkte)

Einem Frankfurter Unternehmer wird eine Ware aus der Schweiz zu einem Preis von 13.200,00 Schweizer Franken angeboten. Der Kurs beträgt: 1 CHF = 0,678 EUR An Transport- und anderen Bezugskosten muss zusätzlich mit 1.700,00 EUR gerechnet werden.

Ermitteln Sie den Einkaufspreis der Ware (incl. Bezugskosten) in EUR und CHF. Runden Sie bei der Kursumrechung auf drei Nachkommastellen.

Kontieren Sie die folgenden Geschäftsfälle. Die Umsätze werden nach vereinbarten Entgelten zum Regelsteuersatz von 16% versteuert. Die Nebenrechnungen und gesetzlichen Bestimmungen sind aufzuzeigen! Es wird unterstellt, dass kein Kontokorrent zugrunde liegt!

Aufgabe 1: (2 Punkte)

Ein Frankfurter Unternehmer verkauft Handelswaren auf Ziel nach Polen für netto 15.000,00 EUR. Die Voraussetzungen der §§ 8 ff UStDV sind erfüllt.

Buchungstext/Nebenrechungen	Konto	Soll	Haben

Aufgabe 2: (2 Punkte)

Ein Kunde (Privatmann) bestellt im März 2002 Handelswaren im Wert von 3.000,00 EUR + 16% USt 480,00 EUR = 3.480,00 EUR. Die Waren sollen im Juli 2002 geliefert werden. Der Kunde leistet im März eine Anzahlung in Höhe von 1.160,00 EUR durch Banküberweisung. Über die Anzahlung wird keine gesonderte Rechnung ausgestellt.

Buchen Sie die Anzahlung!

Buchungstext/Nebenrechungen	Konto	Soll	Haben

Aufgabe 3 Teil a: (2 Punkte)

Kauf von Handelswaren auf Ziel, netto	13.300,00 EUR
+ Leihverpackung	500,00 EUR
+ Fracht	300,00 EUR
=	14.100,00 EUR
+ 16% USt	2.256,00 EUR
=	16.356,00 EUR

Buchungstext/Nebenrechungen	Konto	Soll	Haben

Aufgabe 3 Teil b: (3 Punkte)

Wir bezahlen die Lieferantenrechung (siehe Aufgabe 3a) durch Banküberweisung unter Abzug von 3% Skonto. Fracht und Verpackung sind nicht skontierfähig.

Buchungstext/Nebenrechungen	Konto	Soll	Haben

Aufgabe 4: (3 Punkte)

Wir senden dem Lieferanten die Leihverpackung (siehe Aufgabe 3 a) zurück. Er schreibt uns 4/5 des Wertes gut.

Wir haben zur zeit 1.552,00 EUR Verbindlichkeiten bei diesem Lieferer.

Buchungstext/Nebenrechungen	Konto	Soll	Haben

Aufgabe 5: (6 Punkte)

Kauf einer Büromaschine gegen Bankscheck: 410,00 EUR + 16% USt 65,60 EUR = 475,60 EUR. Die Büromaschine wird für steuerpflichtige und steuerfreie Umsätze, die den Vorsteuerabzug ausschließen, verwendet (70% Abzugsumsätze, 30% Ausschlussumsätze).

Nehmen Sie alle notwendigen Buchungen einschließlich der Abschreibung vor. Der Steuerpflichtige wünscht einen niedrigstmöglichen Gewinn.

Buchungstext/Nebenrechungen	Konto	Soll	Haben

Aufgabe 6: (3 Punkte)

Kauf einer Maschine gegen Bankscheck, netto 80.000,00 EUR – 3% Skonto 2.400 EUR = 78.400,00 EUR + 16% USt 12.544,00 EUR = 90.944,00 EUR.

Buchungstext/Nebenrechungen	Konto	Soll	Haben

Aufgabe 7 Teil a: (3 Punkte)

Vom Staat erhalten wir für den Kauf der Maschine (siehe Aufgabe 6) einen Zuschuss in Höhe von 8.000,00 EUR auf unser Bankkonto überwiesen.

Buchen Sie den Zuschuss! Der Steuerpflichtige wünscht einen niedrigstmöglichen Gewinn.

Buchungstext/Nebenrechungen	Konto	Soll	Haben

Aufgabe 7 Teil b: (4 Punkte)

Buchung der AfA zum 31. Dezember 2002 (niedrigstmöglicher Gewinn), Nutzungsdauer 15 Jahre, Tag der Anschaffung 20. November 2002, die Voraussetzungen des § 7g EStG sind nicht erfüllt.

Buchungstext/Nebenrechungen	Konto	Soll	Haben

5.2.4 Zwischenprüfung 4

ZWISCHENPRÜFUNG RECHNUNGSWESEN

Arbeitszeit: 60 Minuten

Gesamtpunktzahl: 20

Beachten Sie:

Nutzen Sie den freien Platz unter den Aufgaben!

Saubere, übersichtliche Darstellung!

Bitte kein Bleistift!

Buchungssätze bitte mit Kontonummern!

Stichwortartige Beantwortung genügt, Hinweis auf Paragraphen alleine genügt nicht!

Rechenvorgänge müssen ersichtlich sein, nur Endlösungen werden nicht bewertet!

Viel Erfolg!

TEIL 1: BUCHFÜHRUNG

Fall 1:

Der Möbelhändler Thomas Holzner kauft für sein Büro ein Kopiergerät. Er verbucht die Rechnung bei Lieferung korrekt als Zielkauf.

Der Bruttopreis des Kopiergeräts beträgt 4.640,00 EUR, die Nutzungsdauer 5 Jahre.

1.1 Die Speditionsfirma berechnet für die Anlieferung 69,60 EUR. Der Betrag wird gleich bar bezahlt. Buchen Sie diesen Vorgang.

1.2 Der Rechnungsbetrag des Kopiergeräts wird unter Abzug von 2 % Skonto per Banküberweisung ausgeglichen.

Fall 2:

Am 01.01.2002 steht der Geschäftswagen mit 8.600,00 EUR zu Buch. Die jährliche lineare Abschreibung beläuft sich auf 4.800,00 EUR.

Der Wagen wird am 16. Mai 2002 an einen Privatmann verkauft. Dieser bezahlt den Kaufpreis in Höhe von 6.900,00 EUR in bar.

Bilden Sie bitte alle erforderlichen Buchungssätze für das Jahr 2002.

Fall 3:

Thomas Holzner verkauft an seinen Stammkunden Möbel im Wert von 8.000,00 EUR netto. Als treuer Kunde erhält dieser 5 % Rabatt. Die Rechnung wird mit einem Wechsel in Höhe von 7.500,00 EUR bezahlt. Der verbleibende Betrag wird bar bezahlt.

3.1 Bilden Sie bitte die Buchungssätze.

Mehrere Möbelstücke weisen erhebliche Mängel auf. Der Kunde reklamiert diese. Nach der Überprüfung erkennt Thomas Holzner diese Mängel an. Er erteilt über ein Viertel der Lieferung eine Gutschrift. Die Gutschrift wird sofort verrechnet.

3.2 Nehmen Sie bitte alle erforderlichen Buchungen vor.

Fall 4:

Von einem schwedischen Möbelgroßhändler kauft Thomas Holzner Waren im Wert von 15.000,00 EUR netto. Die Rechnung enthält die USt-ID-Nrn. beider Unternehmer und den Hinweis auf die Steuerbefreiung der Lieferung.

4.1 Bitte bilden Sie den Buchungssatz.

Bei seinem türkischen Lieferanten ordert Thomas Waren im Wert von 10.500,00 EUR. Die 16 % Einfuhrumsatzsteuer und den fälligen Zoll in Höhe von 1.500,00 EUR begleicht Thomas gleich in bar.

4.2 Buchen Sie den Vorgang.

Fall 5:

Thomas Holzner liefert an seinen ungarischen Kunden Möbel. Der Nettowarenwert lautet über 6.000,00 EUR. Die Möbel werden auf Ziel verkauft. Alle erforderlichen Ausfuhrnachweise liegen vor.

5.1 Bitte buchen Sie.

An seinen dänischen Kunden liefert er Möbel im Wert von 4.000,00 EUR. Der dänische Kunde weist eine USt-ID-Nr. aus. Er begleicht die Rechnung per Verrechnungsscheck.

5.2 Bitte buchen Sie den Vorgang.

Fall 6:

Thomas Holzner entnimmt seinem Warenlager ein Holzschränkchen. Er schenkt es seiner Frau zum Geburtstag. Beim Einkauf zahlte er dafür 60,00 EUR plus USt. Der Verkaufspreis beträgt 199,00 EUR brutto. Der Lieferant hat inzwischen seine Preise um 25 % erhöht.

6.1 Bitte buchen Sie den Vorgang.

Thomas Holzner zahlt seinem Sohn das Taschengeld. Er entnimmt der Geschäftskasse 50,00 EUR.

6.2 Bilden Sie bitte den Buchungssatz.

Fall 7:

Thomas Holzner bewirtet einen Lieferanten. Die ordnungsgemäße Rechnung liegt vor. Die Aufwendungen sind angemessen. Der Rechnungsbetrag lautet über 110,00 EUR plus 16 % USt.

Die Rechnung ist noch nicht verbucht.

Fall 8:

Eine Anzahlung in Höhe von 10.000,00 EUR für eine später zu erbringende Warenlieferung geht auf das betriebliche Bankkonto ein. Wert der Warenlieferung gleich 50.000,00 EUR plus USt.

Bilden Sie bitte den Buchungssatz zur Anzahlung.

Fall 9:

Das Konto 1775 (3805) Umsatzsteuer weist einen Habensaldo von 14.500,00 EUR aus. Auf dem Konto 1575 (1400) Vorsteuer steht im Soll ein Betrag von 6.000,00 EUR und im Haben ein Betrag von 180,00 EUR.

Berechnen Sie bitte die Umsatzsteuerzahllast und bilden Sie den Buchungssatz bei Zahlung per Banküberweisung.

Fall 10:

Der Einzelhändler Walter Wendig legt Ihnen folgende Zahlen aus seinem Jahresabschluss vor.

- Wareneinsatz 428.750,00 EUR
- Umsatz 1.225.000,00 EUR
- Geschäftskosten 450.190,00 EUR

10.1 Berechnen Sie die Handelsspanne.

10.2 Berechnen Sie den Kalkulationszuschlag.

10.3 Berechnen Sie den Handlungskostenzuschlag.

10.4 Berechnen Sie den Gewinnzuschlag.

5.3 Abschlussprüfungen

Die folgenden Abschlussprüfungen spiegeln ebenfalls die Gestaltungsvielfalt der deutschen Steuerberaterkammern wieder. Wundern Sie sich also nicht über das unterschiedliche Erscheinungsbild und den teilweise unterschiedlichen Schwierigkeitsgrad.

5.3.1 Abschlussprüfung 1

ABSCHLUSSPRÜFUNG RECHNUNGSWESEN

Arbeitszeit 120 Minuten

Maximal erreichbare Punktezahl	**100 Punkte**
Buchführung und Rechnen	70 Punkte
Gewinnermittlung § 4(3) EStG	30 Punkte

Arbeitshinweise:

- Die Reihenfolge für die Bearbeitung der Prüfungsteile steht Ihnen frei!
- Die Lösungen der Aufgaben aus dem Wirtschaftsrechnen erfordern eine vollständige Darstellung – die Ergebnisse müssen nachvollziehbar sein.
- Die Geschäftsfälle sind unabhängig voneinander zu kontieren. Nebenrechnungen und Begründungen mit den wichtigsten gesetzlichen Vorschriften sind anzugeben.
- Bei der Gewinnermittlung gem. § 4(3) EStG ist jeder Sachverhalt entsprechend zu begründen. Der berichtigte Gewinn ist zu ermitteln.
- Bitte arbeiten Sie sauber, übersichtlich und leserlich.

Viel Erfolg!

RECHNUNGSWESEN TEIL 1: BUCHFÜHRUNG UND RECHNEN (74 PUNKTE)

Ihre Mandantin die Einzelunternehmerin Heidi Fröhlich betreibt in Chemnitz einen Großhandel für Schulbedarf. Das Unternehmen ist unter der Firma Fröhlich Großhandel e. K. im Handelsregister eingetragen. Ihren Gewinn ermittelt Frau Fröhlich durch Betriebsvermögensvergleich gem. § 5 EStG. Das Wirtschaftsjahr entspricht dem Kalenderjahr (Veranlagungszeitraum 1. Januar – 31. Dezember 2002).

Die Unternehmerin versteuert ihre Umsätze nach vereinbarten Entgelten mit dem allgemeinen Steuersatz. Soweit nicht anders erwähnt, liegen ordnungsgemäße Rechnungen vor. Die Voraussetzungen für die Inanspruchnahme von Sonderabschreibungen sind nicht erfüllt. (7g EStG). Frau Fröhlich möchte im Wirtschaftsjahr 2002 einen möglichst niedrigen steuerlichen Gewinn erzielen.

Im Zusammenhang mit der Buchführung und dem Jahresabschluss für das Wirtschaftsjahr 2002 sind noch folgende Sachverhalte zu berücksichtigen. Soweit erforderlich sind die entsprechenden Buchungen zu korrigieren. Verwenden Sie dabei bitte den entsprechenden Kontenrahmen. (DATEV SKR 04).

Aufgabe 1: (4 Punkte)

Das Konto 650 enthält den Buchwert für ein Zeiterfassungsgerät.

Anschaffungskosten im März 2000 (Nutzungsdauer 5 Jahre) 6.000,00 EUR

Buchwert 31. Dezember 2001 2.940,00 EUR

Es wurde bisher die degressive AfA gem. § 7 Abs. 2 EStG gewählt.

Buchen Sie die AfA zum 31. Dezember 2002, wenn die Steuerpflichtige den niedrigsten Gewinn versteuern möchte!

Buchungstext/Nebenrechnungen	Konto	Soll	Haben

Aufgabe 2: (8 Punkte)

Die Unternehmerin Fröhlich erwarb zum 1. August 2002 ein Lagergebäude mit Grundstück für ihre Firma. Der Kaufpreis für das Grundstück betrug 150.000,00 EUR und für das Gebäude 450.000,00 EUR. Diese Beträge wurden am 10. September 2002 per Bank bezahlt.
An Nebenkosten sind angefallen:

1. Die Grunderwerbsteuer beträgt 3,5%
2. Die Grundbuchkosten beliefen sich auf insgesamt 1.500,00 EUR, davon sind 600,00 EUR für die Bestellung der Grundschuld zur Finanzierung des Kaufs.
3. Der Notar berechnete 3.600,00 EUR + 576,00 EUR USt = 4.176,00 EUR für den Kauf des Lagergebäudes und 500,00 EUR + 80,00 EUR USt = 580,00 EUR für die Bestellung der Grundschuld.

Die Zahlungen erfolgten ebenfalls per Bank am 10. September 2002.

Ermitteln Sie die Anschaffungskosten für das Grundstück und das Gebäude.

Buchen Sie den Kauf inklusive Nebenkosten im August 2002.

Buchen Sie die AfA zum 31. Dezember 2002 (Bauantrag 1995, Fertigstellung 1997).

Buchungstext/Nebenrechnungen	Konto	Soll	Haben

Aufgabe 3: (4,0 Punkte)

Das Konto 0240 enthält den Buchwert des Bürogebäudes:

Herstellungskosten 250.000 EUR

Buchwert 31.12.2001 100.000 EUR

Es wurde bisher die degressive AfA gem. § 7 Abs. 5 Nr. 1 EStG gewählt.

(Bauantrag Januar 1992, Fertigstellung August 1993)

Buchen Sie die AfA zum 31. Dezember 2002.

Buchungstext/Nebenrechnungen	Konto	Soll	Haben

Aufgabe 4: (3,00 Punkte)

Die Firma Föhlich Großhandel e. K. hatte am 11. November 2002 Schulschreibtische von einem dänischen Unternehmer (dän. USt-ID-Nr.) im Wert von 12.000,-- EUR auf Ziel geliefert erhalten und ordnungsgemäß gebucht.

Die Rechnung wird am 21. November 2002 unter Abzug von 2% Skonto durch Banküberweisung gezahlt.
Buchen Sie den Zahlungsvorgang!

Buchungstext/Nebenrechnungen	Konto	Soll	Haben

Aufgabe 5: (8,00 Punkte)

Die Firma Fröhlich Großhandel e. K. importierte Schultafeln aus Tschechien im Wert von 171.800,00 Tschechischen Kronen (= 5.000,00 EUR) auf Ziel. Für Verpackung und Beförderung verlangt der Hersteller umgerechnet 3.100,-EUR.

Die Einfuhrabgaben (Zoll und EUSt) werden aufgrund der Zollrechung per Bank an das Zollamt überwiesen. Der Zoll beträgt 10%.
Es wurde noch keine Buchung vorgenommen!

Buchungstext/Nebenrechnungen	Konto	Soll	Haben

Aufgabe 6: (7,00 Punkte)

Das Konto 1210 der Firma Fröhlich Großhandel e. K. enthält einen Forderungsbestand in Höhe von 113.570,- EUR (16% USt).

a. In diesem Bestand ist eine Forderung an den Einzelhändler Schuler in Höhe von 4.640,00 (16% USt) enthalten. Im Dezember erfährt Frau Fröhlich, dass Herr Schuler in Zahlungsschwierigkeiten geraten ist. Da mit einem Forderungsausfall zu rechnen ist, bewertet sie die Forderung vorsichtshalber nur noch mit 30%.

Buchen Sie zum 31. Dezember 2002, da der Vorgang noch nicht erfasst ist.

Buchungstext/Nebenrechnungen	Konto	Soll	Haben

b. Erfahrungsgemäß rechnet die Firma Fröhlich mit einem pauschalen Ausfallrisiko von 2% (= vom Finanzamt anerkannt) auf die restlichen einwandfreien Forderungen. Auf dem Konto Pauschalwertberichtigungen zu Forderungen stehen 1.000,- EUR aus dem Vorjahr.

Buchung zum 31. Dezember 2002!

Buchungstext/Nebenrechnungen	Konto	Soll	Haben

Aufgabe 7: (4,00 Punkte)

Am 30. September 2002 wurde der Firma Fröhlich Großhandel e. K. ein Bankdarlehen über 300.000,- EUR unter Abzug eines Damnums von 3% ausbezahlt und korrekt gebucht. (Verzinsung ab 1. Oktober 2002). Es dient der Finanzierung des Lagergebäudes.

Das Darlehen, das mit 6% zu verzinsen ist, hat eine Laufzeit von 6 Jahren und ist in einer Summe zurückzuzahlen.

Die Zinszahlung erfolgt halbjährlich nachträglich.
Buchen Sie zum 31. Dezember 2002.

Buchungstext/Nebenrechnungen	Konto	Soll	Haben

Aufgabe 8: (3,00 Punkte)

Die Firma Fröhlich Großhandel e. K. beauftragt im November 2002 die Elektromontage-GmbH mit der Reparatur ihrer Lastenaufzugsanlage im Lager. Die GmbH bestätigte am 28. November 2002 den Auftrag mit einem Kostenvoranschlag über 2.000,- EUR + USt und bestellte die notwendigen Ersatzteile für die Reparatur.

Am 26. Februar 2003 teilte die GmbH Frau Fröhlich mit, dass die Reparatur trotz Lieferverzögerungen bei den Ersatzteilen noch Ende März 2003 begonnen und im April 2003 abgeschlossen würde.

Nehmen Sie die nötigen Buchungen bei Bilanzerstellung zum 31.Dezember 2002 vor!

Buchungstext/Nebenrechnungen	Konto	Soll	Haben

Aufgabe 9: (5,00 Punkte)

Am 13. August 2002 schenkte Frau Fröhlich ihrem Sohn zur Einschulung einen neuen Schülerschreibtisch aus ihrem Warenlager.

Der Schreibtisch wurde am 10.Mai 2002 für 550,- EUR netto eingekauft.

Der Teilwert bzw. Bezugspreis am 13 August 2002 beträgt 480,- EUR netto, da inzwischen ein Modellwechsel stattgefunden hat.

Der Verkaufspreis beträgt 790,- EUR netto.

Es wurde noch keine Buchung in 2002 vorgenommen!

Buchungstext/Nebenrechnungen	Konto	Soll	Haben

Aufgabe 10: (4,00 Punkte)

Bewerten Sie die Handelswaren der Firma Fröhlich Großhandel e. K. zum 31. Dezember 2002, wenn folgende Zahlen ermittelt wurden:

Anfangsbestand 1. Januar 2002 in Höhe von22.000 ,- EUR.

Schlussbestand lt .Inventur am 31. Dezember 2002, bewertet zu Anschaffungskosten in Höhe von 25.000,- EUR.

Schlussbestand lt. Inventur, bewertet zum 31. Dezember 2002 mit dem Teilwert in Höhe von 23.500,- EUR.

Schlussbestand lt. Inventur, bewertet zum Zeitpunkt der Bilanzerstellung am 30. April 2003 mit dem Teilwert in Höhe von 26.000,- EUR.

Aufgabe 11: (6,00 Punkte)

Die Firma Fröhlich Großhandel e. K. beschäftigt in ihrem Unternehmen eine Reinigungskraft, die an 3 Tagen in der Woche jeweils für 2 Stunden die Büroräume sauber macht. Als Stundenlohn wurden 6,50 EUR vereinbart. Die Reinigungskraft, Frau Milena Robic, ist als Hausfrau bei ihrem Ehemann in der AOK familienversichert. Sie legte weder eine Lohnsteuerkarte noch eine Bescheinigung nach § 39a Abs. 6 EStG vor.

Im Dezember 2002 arbeitete sie insgesamt 30 Stunden und erhielt ihren Lohn bar ausbezahlt.

Verbuchen Sie die Zahlung sowie die LSt und Sozialversicherung, wenn der Arbeitgeber nicht umlagepflichtig ist.

Buchungstext/Nebenrechnungen	Konto	Soll	Haben

Aufgabe 12: (3,00 Punkte)

Der Auszubildende Paul (Steuerklasse I) der Firma Fröhlich Großhandel e. K. erhält die monatliche Ausbildungsvergütung in Höhe von 290,- EUR am 30. Dezember 2002 durch Banküberweisung. Steuern fallen keine an. Der Sozialversicherungsbeitrag (100%) beträgt 120,00 EUR.
Es ist noch nichts gebucht.

Buchungstext/Nebenrechnungen	Konto	Soll	Haben

Aufgabe 13: (3,00 Punkte)

Ein Unternehmer kalkulierte bisher mit einem Kalkulationszuschlag von 60%.
Welcher Handelsspanne entspricht dieser Kalkulationszuschlag?

Aufgabe 14: (5,00 Punkte)

Von einem Unternehmer liegt im Auszug folgende Gewinn- und Verlustrechung vor:

GEWINN- UND VERLUSTRECHUNG VOM 01.JANUAR. BIS 31.DEZEMBER 2002

Wareneinsatz	476.500,00 EUR	Verkaufserlöse	635.256,00
Sonstige Aufwendungen	98.407,00 EUR		
Gewinn	60.349,00 EUR		

Der Warenbestand betrug am 1. Januar 47.000,- EUR und am 31. Dezember 39.000,00 EUR.

Ermitteln Sie die Umsatzrentabilität!

Ermitteln Sie den Rohgewinnaufschlagsatz!

Aufgabe 15: (4,00 Punkte)

Die Angestellte Simone Herold legte am 01. Juni 2002 einen bestimmten Betrag zu 6% an. Nach 4 Monaten erhält sie insgesamt 32.436,00 EUR ausbezahlt.

Wie hoch war der Betrag, den die Steuerpflichtige angelegt hat?

Aufgabe 16: (3,00 Punkte)

Ein Mandant legt Ihnen zur Bewertung seines Warenbestandes folgende Informationen vor:

Der Anfangsbestand (1.000 kg) wurde in der letzten Bilanz mit 1.100,- EUR ausgewiesen.

Im Laufe des Jahres wurden folgende Einkäufe getätigt:

Tag des Einkaufs	Menge in Kg	Einzelpreis
23. Januar	12.000 kg	zu je 1,35
15. Juli	20.000 kg	zu je 1,40
14. Oktober	25.000 kg	zu je 1,20
3. Dezember	12.000 kg	zu je 1,25

Am 31. Dezember sind noch 7.000 kg der Ware vorhanden.

Mit welchem Wert ist der Warenbestand anzusetzen, wenn die Durchschnittsbewertung angewandt werden soll?

RECHNUNGSWESEN: TEIL 2: GEWINNERMITTLUNG GEM. § 4(3) ESTG (26 PUNKTE)

Der Steuerpflichtige Björn Hansen betreibt in Hamburg eine Werbeagentur und eine kleine Druckerei als Gewerbebetrieb und ermittelt seinen Gewinn nach § 4 Abs. 3 EStG. Für das Wirtschaftsjahr 2002 (= Kalenderjahr) hat er seinen Gewinn wie folgt ermittelt:

Betriebseinnahmen	**111.962,00 EUR**
./.Betriebsausgaben	**81.416,00 EUR**
= Gewinn aus Gewerbebetrieb	**30.546,00 EUR**

Die Umsätze werden nach den allgemeinen Vorschriften des UStG versteuert. Der Steuerpflichtige bittet, die vorgenommene Gewinnermittlung zu überprüfen. Soweit nicht angegeben, sind die Vorgänge noch nicht erfasst. Er möchte einen möglichst niedrigen Gewinn und bittet, alle möglichen steuerlichen Vorteile auszuschöpfen. Begründen Sie Ihre Entscheidungen durch Angabe der steuerlichen Vorschriften!

Ermitteln Sie den berichtigten Gewinn!

Fall 1: (2 Punkte)

Ein Kunde geriet im Februar 2002 in Zahlungsschwierigkeiten und bot Herrn Hansen an, sofort 20% der ursprünglichen Forderung in Höhe von 5.000,00 EUR zu bezahlen, wenn dieser auf die restliche Forderung verzichtet. Herr Hansen ging auf den Vorschlag ein und erfasste nur den Forderungsverlust in Höhe von 4.000,00 EUR als Betriebsausgabe.

Fall 2: (2 Punkte)

Bei einem Einbruch am 22. Mai 2002 ist Material im Wert von 522,00 EUR brutto und Bargeld in Höhe von 250,00 EUR gestohlen worden. Herr Hansen erfasste deshalb 772,00 EUR als Betriebsausgabe.

Fall 3: (2 Punkte)

Björn Hansen nahm am 1. Oktober 2002 aus betrieblichen Gründen ein Darlehen über 20.000,00 EUR mit einer Laufzeit von 5 Jahren auf. Die Bank behielt 250,- EUR Damnum und 200,00 EUR Zinsen für Oktober ein und zahlte den Restbetrag aus. Der Steuerpflichtige erfasste 19.550,00 EUR als Betriebseinnahme.

Fall 4: (2 Punkte)

Herr Hansen hat am 5. Dezember 2002 für die Sekretärin ein Geschenk im Wert von 20,00 EUR + 16% USt gekauft, bar bezahlt und als Betriebsausgabe erfasst. Er überreicht das Geschenk zu ihrem Geburtstag am 9. Dezember 2002.

Fall 5: (1 Punkt)

Nachdem die fällige USt-Vorauszahlung in Höhe von 1.650,- EUR mit der ESt-Überzahlung verrechnet wurde, werden noch 450,- EUR für ESt auf dem Bankkonto gutgeschrieben und von Herrn Hansen als Betriebseinnahme erfasst.

Fall 6: (1 Punkt)

Im Januar 2002 überwies der Steuerpflichtige die fällige Grunderwerbsteuer in Höhe von 1.000,00 EUR und erfasste sie als Betriebsausgabe. Die Grunderwerbsteuer musste er zahlen, weil Herr Hansen im Dezember des Vorjahres ein betriebliches Grundstück gekauft und bezahlt hatte.

Fall 7: (1 Punkt)

Auf dem Bankkonto wurden am 14. November 2002 die Telefongebühren mit 348,- EUR brutto abgebucht und als Betriebsausgabe erfasst. Der private Anteil an den Telefonkosten beträgt 20%.

Fall 8: (1 Punkt)

Die USt-Zahllast für Dezember 2002 wurde mit 560,00 EUR im Januar 2003 durch Banküberweisung gezahlt. Herr Hansen erfasste den Betrag im Jahr 2002 als Betriebsausgabe, da es sich um eine Ausgabe für dieses Jahr handelt.

Fall 9: (4 Punkte)

Herr Hansen entnahm am 31. Juli 2002 einen Computer aus dem Betrieb und schenkte ihn seiner Tochter zum Geburtstag. Von dem Computer sind folgende Werte bekannt:

Anschaffungskosten	3.000,00 EUR
Teilwert	500,00 EUR
Wiederbeschaffungskosten	500,00 EUR
Buchwert 31.12.2001	600,00 EUR
Jährliche Abschreibung	600,00 EUR

Fall 10: (2 Punkte)

Am 5. Dezember 2002 überwies Herr Hansen aus betrieblichen Gründen vom Bankkonto der Druckerei eine Spende an den Segelclub Alsterfreunde e.V. in Höhe von 250,00 EUR und setzte den Betrag als Betriebsausgabe an.

Hansen erhielt daraufhin tatsächlich den erwarteten Auftrag und konnte dem Segelclub am 19. Dezember 2002 Waren im Wert von 10.000,- EUR + USt liefern. Am 27. Dezember 2002 erhielt er vom Segelclub einen Scheck über 11.600,- EUR, den er aber erst am 2. Januar 2003 zur Bank gab. Da die Bank den Betrag erst am 3. Januar auf dem privaten Bankkonto gutschrieb, erfasste Hansen den Betrag nicht.

Fall 11: (7 Punkte)

Am 24. Mai 2002 unterschrieb Herr Hansen einen Kaufvertrag über einen neuen Kleinlieferwagen zum Rechnungspreis von 15.000,00 EUR +2.400,00 EUR USt = 17.400,00 EUR. Der Wagen wurde am 4. November ausgeliefert und zugelassen. Der Wagen wird nicht privat genutzt und hat eine betriebsgewöhnliche Nutzungsdauer von 5 Jahren.

Der Steuerpflichtige erhielt neben der ordnungsgemäßen Rechnung für das Fahrzeug auch eine Rechnung über 35,- EUR Zulassungsgebühr und 50,00 EUR für Nummernschild + 8,00 EUR USt = 93,00 EUR. Diese Rechnung wurde sofort bar bezahlt.

Der alte Pkw mit einem Restbuchwert von 300,00 EUR wurde für 1.500,00 EUR + 240,00 EUR USt= 1.740,00 EUR in Zahlung gegeben. Über den Restbetrag der Fahrzeugrechung akzeptierte Herr Hansen einen Wechsel in Höhe von 15.660,00 EUR mit einer Laufzeit von 3 Monaten. Herr Hansen hat bisher nichts gebucht, da ihm der Vorgang zu kompliziert war.

Für die Ermittlung des berichtigten Gewinns erhalten Sie einen Punkt.

Bearbeitungsschema:

Nr.	Begründungen, Nebenrechnungen, gesetzliche Vorschriften	Betriebseinnahmen		Betriebsausgaben	
		+	-	+	-

5.3.2 Abschlussprüfung 2

BEARBEITUNGSHINWEISE

Arbeitszeit: 120 Minuten

Gesamtpunktzahl: 50

Beachten Sie:

- Saubere, übersichtliche Darstellung!
- Bitte kein Bleistift verwenden!
- Stichwortartige Beantwortung genügt, Hinweise auf Paragraphen allein genügt nicht!
- Rechenvorgänge müssen ersichtlich sein, reine Endlösungen werden nicht bewertet!
- Das Ergebnis ist für den Steuerpflichtigen so günstig wie möglich zu gestalten!
- Buchungssätze unter Verwendung des beigefügten Kontenplans mit Nummern bilden!
- Diese Prüfung beinhaltet 3 Teile!
- Bitte benützen Sie für Ihre Lösung den Platz direkt unter der jeweiligen Aufgabe!

Viel Erfolg!

TEIL 1: LAUFENDE BUCHUNGEN UND ABSCHLUSSBUCHUNGEN:

Aufgabe 1:

Um welche Art von Wertveränderung in der Bilanz handelt es sich in den folgenden Fällen?

Setzen Sie ein „X" in die entsprechende Spalte!

Nr.	Vorgang	Aktiv-Tausch	Passiv-Tausch	Aktiv-Passiv-Mehrung	Aktiv-Passiv-Minderung
1.1	Wir kaufen einen Pkw zur ausschließlich betrieblichen Nutzung auf Ziel				
1.2	Wir begleichen eine Verbindlichkeit aus Lieferungen und Leistungen per Bank				
1.3	Unser Kunde begleicht eine Forderung aus Lieferungen und Leistungen per Barzahlung				
1.4	Ein Kunde sendet uns einen Verrechnungsscheck				

Aufgabe 2:

Es sind folgende Personalbuchungen für den Unternehmer Walter Wendelstein durchzuführen:

2.1.1 Gehaltsabrechnung für den Angestellten Kurt Kreisler für September 2002.

Bruttogehalt	3.000,00 €
+ ArbG-Anteil VwL	26,00 €
- AN-Anteil SV	450,00 €
- LSt, KiSt und SolZ	500,00 €
- VwL	52,00 €
- ortsübliche Miete für Werkswohnung	600,00 €
= Barauszahlung	1.372,00 €

2.1.2 Die einbehaltenen Beträge werden per Banküberweisung überwiesen.

2.2 Mitte Oktober 2002 erhält der Arbeiter Leo Landers einen Lohnvorschuss in Höhe von 300,00 EUR bar ausgezahlt.

2.3 Zu seinem Geburtstag im September 2002 erhält der Auszubildende Berni Buchner das Taschenbuch „Wie spare ich Steuern“ geschenkt. Walter bezahlte in der Buchhandlung 9,90 EUR brutto.

2.4 Der leitende Angestellte Rommel erhält zu seiner Hochzeit im November 500,00 EUR von Walter Wendelstein überreicht.

Aufgabe 3:

Ursula Anders Elektroeinzelhändlerin verzeichnete im Geschäftsjahr u.a. die folgenden Vorfälle, die zu buchen sind:

3.1 Frau Anders hob im Juli von ihrem privaten Bankkonto 7.500,00 EUR ab und legt das Geld in die Geschäftskasse ein. Sie will damit einen vorübergehenden Liquiditätsengpass bewältigen.

3.2 Eine offene Rechnung über 3.140,00 EUR wird vom Kunden bar bezahlt. Ursula verwendet dieses Geld für private Zwecke. Sie legt es nicht in die Geschäftskasse ein.

3.2 Ein privat erworbenes Grundstück legt Frau Anders im Oktober in das Betriebsvermögen ein. Vor zwei Jahren hat sie dieses Grundstück für 140.000,00 EUR angeschafft. Im Zeitpunkt der Zuführung beträgt der Teilwert 180.000,00 EUR.

3.4 Frau Anders möchte ihrer Nichte einen tragbaren TV-Empfänger zu Weihnachten schenken. Der TV-Empfänger hat im Zeitpunkt der Entnahme im Dezember einen Nettoeinkaufspreis von 190,00 EUR. Als die Ware im Oktober eingekauft wurde, lag der Nettoeinkaufspreis noch bei 180,00 EUR. Im Dezember liegt der Netto-Verkaufspreis des Fernsehgeräts bei 215,00 EUR.

3.5 Im Mai 2002 erwirbt Ursula Anders für ihr Unternehmen einen Pkw. Diesen Pkw nutzt sie auch privat. Die Anschaffungskosten des Fahrzeugs betragen 35.000,00 EUR plus 5.600,00 EUR USt. Der Hersteller gibt den Bruttolistenpreis mit 49.490,00 EUR an. Der Pkw wird vom Vertragshändlers vollgetankt. Die Tankrechnung über 50,00 EUR plus 8,00 EUR USt wird sofort bar bezahlt.

3.5.1 Buchen Sie den Rechnungseingang für den neuen Pkw!

3.5.2 Buchen Sie die Tankrechnung!

3.5.3 Frau Anders führt kein Fahrtenbuch. Buchen sie bitte die Privatnutzung für den Monat Mai. (Monatsbuchung)

Aufgabe 4:

Walter Wendelstein schafft Anfang November 2002 einen Kleinbus an. Dieser Kleinbus wird ausschließlich für betriebliche Zwecke genutzt. Die Rechnung, die Walter Wendelstein Ende November erhält, lautet wie folgt:

Nettopreis ab Werk	10.500,00 €
+ Überführung	300,00 €
+ Sonderausstattung (Klimaanlage, Radio)	2.450,00 €
	13.250,00 €
- Nachlass auf Klimaanlage	750,00 €
	12.500,00 €
+ 16 % USt	2.000,00 €
	14.500,00 €

4.1 Buchen Sie den Rechnungseingang Ende Oktober 2002.

4.2 Walter Wendelstein zahlt Anfang November 2002 unter Abzug von 3 % Skonto auf den Nettopreis ab Werk per Banküberweisung. Buchen Sie die Zahlung!

4.3 Buchen Sie am Jahresende die maximal mögliche Abschreibung für den Kleinbus bei einer Nutzungsdauer von 5 Jahren!

4.4 Herr Wendelstein verkauft im Dezember 2002 einen 4 Jahre alten Lieferwagen an Herrn Mayer für 2.000,00 EUR + 320,00 EUR USt gegen Barzahlung. Der Buchwert zum Zeitpunkt des Verkaufs beträgt 2.900,00 EUR. Das Fahrzeug wurde ausschließlich betrieblich genutzt. Buchen Sie den Verkauf!

4.5 Den 9 Jahre alten Firmenlastwagen lässt Walter Ende Dezember 2002 abholen und verschrotten. Im Zeitpunkt des Ausscheidens war das Fahrzeug bereits vollkommen abgeschrieben. Für die Entsorgung fielen Kosten in Höhe von 100,00 EUR plus 16,00 EUR USt an, welche gleich bar bezahlt wurden. Buchen Sie den Vorgang!

Aufgabe 5:

Zum Ende des Geschäftsjahres 2002 liegen folgende Angaben vor:

Konto	Soll	Haben
Handelswaren	5.000,00 EUR	
Wareneinkauf	50.000,00 EUR	5.000,00 EUR
Umsatzerlöse aus Warenverkäufen	10.000,00 EUR	85.000,00 EUR

Der Warenbestand beträgt zum 31.12.02 (laut Inventur) 4.000,00 EUR. Bilden Sie alle Buchungssätze zum Abschluss des Kontos 3980 (1140) Bestand an Waren!

Aufgabe 6:

Theo Tanner, Großhändler in Hannover, legt die folgenden Geschäftsvorfälle vor:

6.1 Tanner überweist die Mietleasingrate Januar für den Lieferwagen bereits am 20.12.2002 in Höhe von 300,00 EUR plus 48,00 EUR USt. Der Lieferwagen wird ausschließlich betrieblich genutzt.

6.2 Theo Tanner vermietet einen Lagerraum an den Unternehmer Max. Der Lagerraum befindet sich in seinem Geschäftsgebäude. Die Abrechnung der Lagerraummiete erfolgt vierteljährlich. Am 01.12.02 schreibt die Bank 4.950,00 EUR plus 792,00 EUR USt gut. Der Mietzeitraum ist Dezember 2002 bis Februar 2003.

6.3 Im Dezember 2002 wird eine Maschinenwartung durchgeführt. Die Rechnung liegt am Bilanzstichtag noch nicht vor. Wir erhalten die Rechnung am 10.01.2003, sie lautet über 3.000,00 EUR plus 16 % USt.

6.4 Wir erhalten eine Abrechnung über die Gutschrift von Verkaufsprovisionen am 03.01.2003. Die Abrechnung betrifft das gesamte Jahr 2002. Die Gutschrift in Höhe von 6.000,00 EUR plus 16 % USt erfolgt am 04.02.2003.

Aufgabe 7:

Bernd Bauer, Großhändler, bewirtet Geschäftsfreunde in einem Nobelrestaurant. Insgesamt zahlt Herr Bauer netto 400,00 EUR.

Buchen Sie die ordnungsgemäße Rechnung!

Aufgabe 8:

8.1 Der Einzelhändler Friedrich Fromm gibt Ihnen folgende Daten: Bitte buchen Sie die Geschäftsfälle!

Friedrich Fromm erhält Ende September folgende Wareneingangsrechnung:

Warenwert	3.000,00 EUR
+ Verpackung	15,00 EUR
+ Transportkosten	85,00 EUR
	3.100,00 EUR
+ USt 16 %	496,00 EUR
= Bruttorechnungspreis	3.596,00 EUR

8.2 Mitte Oktober bezahlt Fromm die Rechnung aus 8.1. unter Abzug von 2 % Skonto auf den Warenwert per Banküberweisung.

8.3 Barzahlung von 200 Versandkartons 500,00 EUR plus 80,00 EUR USt.

8.4 Der Versicherungsbeitrag für die Transportversicherung von Warensendungen an Kunden wird per Banküberweisung ausgeglichen. Der Rechnungsbetrag lautet über 110,00 EUR.

8.5 Ein Kunde begleicht die Rechnung unter Abzug von 2 % Skonto, Bankgutschrift: 4.547,20 EUR.

8.6 Friedrich Fromm liefert auch über die heimischen Grenzen hinaus. Im April liefert er Waren auf Ziel an einen Kunden in Kanada. Warenwert: 1.350,00 EUR, in Rechnung gestellte Luftfracht 150,00 EUR.

8.7.1 An eine Privatperson in Mailand liefert Fromm Waren im Wert von 900,00 EUR. Weitere Warensendungen nach Italien liegen im Jahr 2002 nicht vor.

8.7.2 Dem Mailänder Kunden wird aufgrund kleinerer Mängel an der Ware ein Preisnachlass von 10 % gewährt.

8.7.3 Im September 2002 überweist der Mailänder Kunde den Restbetrag.

8.8 Friedrich Fromm erfährt im Oktober, dass der gewerbliche Großabnehmer Paul Träne e. K. zahlungsunfähig geworden ist. Eine Forderung an Paul Träne in Höhe von 34.800,00 EUR ist uneinbringlich geworden. Das Insolvenzverfahren wurde mangels Masse nicht eröffnet.

8.9 Von der Süd GmbH werden 10.000,00 EUR überwiesen. Die ursprüngliche Rechnung betrug 23.200,00 EUR. Zum letzten Bilanzstichtag wurde wegen bekannt gewordener Liquiditätsprobleme bereits ein Ausfall von 70 % geschätzt.

TEIL II GEWINNERMITTLUNG GEM. § 4 ABS. 3 ESTG

Aufgabe 9:

Den Kiosk am Bahnhof Neuaubing führt Elsa Ehrlich schon seit vielen Jahren. Elsa verkauft an die Fahrgäste Süßigkeiten, Getränke, Zeitungen und Zeitschriften.

Sie ermittelt ihren Gewinn nach § 4 Abs. 3 EStG.

Die Gewinnermittlung für das Jahr 2002 ist unter folgenden Angaben zu überprüfen. Nutzen Sie das angegebene Berechnungsschema.

9.1 Elsa bezahlt die Pacht für den Januar 2003 in Höhe von 250,00 EUR bereits am 27.12.2002. Der Betrag ist bei den Betriebsausgaben erfasst.

9.2 Die Fensterläden des Kiosks wurden durch einen Sturm am 24.12.2002 stark beschädigt. Die Übernahme des Schadens in Höhe von 225,00 EUR sichert die Versicherung am 28.12.2002 zu. Die Versicherung überweist den Betrag am 10.01.2003. Elsa erfasste den Betrag in 2002 bei den Betriebseinnahmen.

9.3 Elsa stellt gelegentlich eine Aushilfe ein. In den Weihnachtsferien handelte es sich um eine Schülerin. Diese arbeitete Im Dezember 2002 an 5 Tagen und im Januar 2003 an 5 Tagen.

Die Lohnsteuerkarte mit der Steuerklasse I liegt vor, der Stundenlohn beträgt 7,00 EUR.

Die Auszahlung in Höhe von 420,00 EUR erfolgte am 10.01.2003. Elsa erfasst diese Betriebsausgaben bei Auszahlung.

9.4 Am 18.12.2002 kauft Elsa das Nachbargrundstück um ihren Kiosk zu erweitern. Sie möchte Tische und Stühle im Freien aufstellen. Elsa überweist den fälligen Rechnungsbetrag über 10.000,00 EUR am 21.12.2002. Dieser Betrag ist in den Betriebsausgaben enthalten.

9.5 Für den Grundstückskauf nahm Elsa bei ihrer Bank am 15.12.2002 ein Darlehen auf.

Die Konditionen lauten: Darlehen über 10.000,00 EUR, Auszahlungsbetrag 97 %, Laufzeit 5 Jahre, Zinssatz 4,5 %. Die Zinsen sind monatlich nachträglich zu überweisen. Am 15.01.2003 werden 37,50 EUR bei der Bank abgebucht.

Elsa hat noch keinen Vorgang erfasst.

9.6 Die Weihnachtsgeschenke für ihre Familie entnimmt Elsa aus ihrem Warenbestand. Insgesamt entnahm sie Taschenbücher für einen Einkaufswert von netto 60,00 EUR. Der Verkaufpreis liegt bei 90,00 EUR. Der Vorgang wurde bis jetzt nicht erfasst.

9.7 Im Kiosk wurde in der Nacht vom 30.11. zum 01.12.2002 eingebrochen. Es wurden Waren im Wert von 150,00 EUR netto gestohlen. Außerdem entwendete der Dieb die leere Registrierkasse. Der Buchwert am 01.01.2002 belief sich auf 300,00 EUR, die jährliche Abschreibung beträgt 100,00 EUR.

Am 05.12.2002 kauft Elsa eine neue Kasse für 500,00 plus 16 % USt und bezahlt diese gleich in bar. (Nutzungsdauer 5 Jahre)

Weder der Kauf der Kasse noch der gesamte Diebstahl wurde von Elsa erfasst.

9.8 An einem herausstehenden Nagel zerriss sich eine Kundin ihre Jacke. Selbstverständlich kommt Elsa für diesen Schaden auf. Sie lässt die Jacke reparieren.

Am 07.01.2003 holt Elsa die Jacke aus der Änderungsschneiderei und begleicht den Rechnungsbetrag in Höhe von 45,00 EUR plus 16 % USt in bar.

Dieser Betrag ist in den Betriebsausgaben enthalten.

9.9 In den Betriebseinnahmen ist ein Scheck in Höhe von 35,00 EUR enthalten. Elsa nahm den Scheck am 30.12.2002 entgegen, die Bankgutschrift erfolgte am 10.01.2003.

9.10 Im neuen Jahr will Elsa ihrer Kundschaft auch kleine warme Speisen anbieten. Die bestellte Mikrowelle wird am 30.12.2002 geliefert. Sie hat eine Nutzungsdauer von 5 Jahren. Den Rechnungsbetrag von 290,00 EUR gleicht Elsa am 04.01.2003 aus.

Dieser Betrag ist nicht bei den Betriebsausgaben im Jahr 2002 erfasst.

Nr.	Erklärung	Betriebseinnahmen		Betriebsausgaben	
		+	./.	+	./.

Aufgabe 10:

Ihnen liegt folgende (verkürzte) Saldenliste einer Hauptabschlussübersicht vor.

Konto	Kontenbezeichnung	EUR Soll	EUR Haben
0440	Maschinen	50.000,00	
0520	Fuhrpark	40.000,00	
0650	Betriebs-u.Geschäftsausstattg	60.000,00	
1140	Bestand an Waren	7.500,00	
1210	Forderungen aus L + L	11.500,00	
1300	Sonstige Vermögensgegenst.	1.000,00	
1800	Bank	7.000,00	
2000	Eigenkapital		80.000,00
3310	Verbindlichkeiten aus L + L		7.000,00
3560	Darlehen		90.000,00
4000	Umsatzerlöse		145.000,00
5200	Wareneingang	58.500,00	
6000	Löhne und Gehälter	25.000,00	
6220	AfA auf Sachanlagen	15.000,00	
6300	Sonstige betriebl. Aufwendg.	10.000,00	

10.1 Berechnen Sie den Anlagendeckungsgrad I.

10.2 Berechnen Sie die Umsatzrentabilität.

10.3 Berechnen Sie die Handelsspanne.

10.4 Berechnen Sie den Handlungskostenaufschlag.

Aufgabe 11:

Ihr Mandant hat eine Warenrechnung über 6.000,00 dänische Kronen und eine Warenrechnung über 3.000,00 Pfund Sterling, erhalten.

Berechnen Sie die Eurobeträge. (mit Rechenweg)

1 Euro = 7,1139 dänische Kronen

1 Euro = 0,6127 Pfund Sterling

5.3.3 Abschlussprüfung 3

PRÜFUNGSFACH RECHNUNGSWESEN

BEARBEITUNGSHINWEISE

- Bearbeitungszeit: 120 Minuten
- Erreichbare Punkte: 100

ZUGELASSENE HILFSMITTEL:

- Steuergesetze und Durchführungsverordnungen
- Steuerrichtlinien
- Handelsgesetzbuch
- Nicht mit mathematischen Formeln programmierbarer Taschenrechner

HINWEIS KONTENRAHMEN:

Verwenden Sie zur Kontierung bitte ausschließlich die Konten des Kontenrahmens DATEV SKR 03 oder DATEV SKR 04. Diese sind im Anschluss an die Aufgabenstellungen angefügt.

Teil 1: Laufende Buchungen
Vorbereitende Abschlussbuchungen 2002

Aufgabe 1: (10 Punkte)

Peter Wolters e. K. aus Bremen betreibt einen Großhandel für Elektoinstallationsbedarf. Ein neuer Kunde hat einen Auftrag zur Lieferung von Installationsbedarf für insgesamt 15.000,00 EUR zuzüglich USt erteilt. Vereinbarungsgemäß soll der Kunde 10% des Gesamtbetrags vor Lieferung als Anzahlung leisten.

Kontieren Sie die Geschäftsfälle 3.1-3.3 für Peter Wolters und geben Sie jeweils die Gewinnauswirkungen ohne Berücksichtigung der Bestandsveränderungen an.

3.1 Wolters schickt dem Kunden die Anzahlungsrechnung mit gesondertem Ausweis der USt zu. Am 14.08.2002 gehen 1.740,00 EUR auf dem betrieblichen Bankkonto von Herrn Wolters ein.

3.2 Nach Lieferung der Waren am 29.08.2002 erteilt Wolters dem Kunden die Endabrechnung:

Warenwert netto	15.000,00 €
./. Ihre Anzahlung	1.500,00 €
verbleiben	13.500,00 €
+ 16% USt	2.160,00 €
noch zu zahlen	15.660,00 €

3.3 Der Kunde überweist den Restbetrag unter Abzug von 3% Skonto am 03. September 2002 auf das betriebliche Bankkonto von Wolters.

Aufgabe 2: (13 Punkte)

Ludwig Schrauber betreibt ein Einzelhandelsfachgeschäft für Computer (Hard- und Software) in Stuttgart. Für seine Mitarbeiterin, die kaufmännische Angestellte Petra Kienzle, liegen für November 2002 folgende Daten vor:

- Bruttogehalt 1.100,00 EUR
- LSt, SolZ, KiSt 412,56 EUR
- Beitragssatz der Krankenkasse 14,2%

Frau Kienzle hat im November 2002 von ihrem Arbeitgeber aus dessen Warenbestand eine PC-Anlage für 3.000,00 EUR einschließlich USt erworben. Der normale Ladenverkaufspreis beträgt 4.990,00 EUR brutto. Schrauber hat die Anlage von einem österreichischen Hersteller eingekauft, der 2.300,00 EUR in Rechnung stellte.

2.1 Ermitteln Sie unter Angabe der einkommensteuerrechtlichen Bestimmungen den anzusetzenden geldwerten Vorteil. Frau Kienzle hat in 2002 noch keine anderen Personalrabatte erhalten.

2.2 Erstellen Sie die Gehaltsabrechnung für November 2002.

2.3 Buchen Sie die Gehaltszahlungen für November 2002 (ohne Umlagen). Frau Kienzle erhält ihr Gehalt per Banküberweisung.

2.4 Geben Sie die Gewinnauswirkung an.

Aufgabe 3: (11 Punkte)

Am 25. September 2002 erhält die Holzbau-GmbH, Wuppertal, eine im Dezember 2001 in Auftrag gegebene Holzbearbeitungsmaschine, die in der Fertigungshalle installiert worden ist. Es liegt folgende Eingangsrechnung vor:

Rechnung Nr. 721/02	
Holzbearbeitungsmaschine	31.250,00 €
Installation	1.500,00 €
Zwischensumme	32.750,00 €
16 % USt	5.240,00 €
Rechnungsbetrag	37.990,00 €

Für diese Maschine musste ein Betonsockel angefertigt werden, der am 16. September 2002 fertig gestellt wurde. Die Rechnung dafür geht am 26. September 2002 ein.

Rechnung Nr. 722/02	
Erstellung eines Betonsockels	1.250,00 €
16% USt	200,00 €
Rechnungsbetrag	1.450,00 €

Die Holzbau-GmbH bezahlt beide Eingangsrechnungen durch Banküberweisung am 04. Oktober 2002. Bei Rechung Nr. 721/02 zieht sie 2% Skonto ab, bei Rechnung 722/02 wird kein Abzug vorgenommen.

Für die Anschaffung der Maschine hat die Holzbau-GmbH in 2001 eine Rücklage nach § 7 g Abs. 3 EStG in Höhe von 24.000,- DM (= 12.271,00 EUR) gebildet.

3.1 Bilden Sie die Buchungssätze für die einzelnen Termine.

3.2 Berechnen Sie unter Angabe der einkommensteuerrechtlichen Bestimmungen die höchstmögliche Abschreibung für die Holzbearbeitungsmaschine, die die Holzbau-GmbH in 2002 geltend machen kann. Die Maschine hat eine betriebsgewöhnliche Nutzungsdauer von 8 Jahren.

Aufgabe 4: (16 Punkte)

Teil I:

Michaela Schumacher betreibt in München in der Dieselstraße 6-7 einen Großhandel für Automobilzubehör. Frau Schumacher stellt jährlich zum 31.12. eine Bilanz, die sowohl handels- als auch steuerrechtlichen Vorschriften entspricht (Einheitsbilanz).

Mit beurkundetem Kaufvertrag vom 05.03.02 erwarb Frau Schumacher das mit einer 1990 fertiggestellten Lagerhalle bebaute Nachbargrundstück Dieselstraße 7. Der Anteil des Grund und Bodens beträgt 20%. Nutzen und Lasten gingen vereinbarungsgemäß am 01.10.2002 auf Schumacher über. Die Eintragung ins Grundbuch wurde am 04.11.2002 vorgenommen.

Folgende Geschäftsfälle liegen vor.

Zahlung des Kaufpreises (Banküberweisung)	200.000,00 EUR
Maklercourtage	2.600,00 EUR + 16% USt
Notargebühren für Kaufvertragsbeurkundung	1.000,00 EUR + 16% USt
Gerichtskosten Grundbuchamt	800,00 EUR
Sachverständigengutachten über die Bausubstanz	1.000,00 EUR + 16% USt

Diese Geschäftsvorfälle hat Frau Schumacher wie folgt gebucht.

0090 (0240)	200.000,00	
1200 (1800)		200.000,00

2350 (6350)	5.400,00	
1575 (1405)	736,00	
1200 (1800)		6.136,00

Die Grunderwerbssteuer lt. Grunderwerbsteuerbescheid vom 4.12.2002 soll anfang Januar 2003 überwiesen werden. Den Eingang des Grunderwerbsteuerbescheides hat Frau Schumacher nicht erfasst.

4.1 Ermitteln Sie in einer übersichtlichen Darstellung die Anschaffungskosten des Grundstücks.

4.2 Begründen Sie, zu welchem Zeitpunkt Frau Schumacher das Grundstück aktivieren musste.

4.3 Nehmen Sie alle notwendigen Buchungen bis einschließlich 31.12.2002 vor. Zum Zeitpunkt des Erwerbs des Grundstücks durch Frau Schumacher ist noch von einer betriebsgewöhnlichen Nutzungsdauer von 35 Jahren für die Lagerhalle auszugehen.

Aufgabe 4: Teil II:

Um den Kauf der Lagerhalle finanzieren zu können, nahm Frau Schumacher ein Fälligkeitsdarlehen in Höhe von 125.000,00 EUR auf. Die Laufzeit beträgt 10 Jahre, die Zinsfestschreibungsfrist beläuft sich auf 5 Jahre. Die Auszahlung erfolgte unter Abzug von 2% Disagio am 01.10.2002. Die Zinszahlungen in Höhe von 6% p.a. sind jährlich nachträglich zum 30.09. zu leisten.

In 2002 buchte Schumacher:

1200 (1800)	122.500,00	
2120 (7320)	2.500,00	
0630 (3150)		125.000,00

4.4 Begründen Sie, dass die von Frau Schumacher vorgenommene Buchung steuerrechtlich unzulässig ist und nehmen Sie die Korrekturbuchung vor.

4.5 Nehmen Sie die vorbereitenden Abschlussbuchungen zum 31.12.2002 vor.

Teil 2: Jahresabschluss 2002

HINWEIS:

Stichwortartige Lösungen sind ausreichend. Das Zitieren von Richtlinien wird nicht erwartet.

Aufgabe 5: (13 Punkte)

Knut Jansen, Mineralölgroßhändler aus Hamburg, erstellt jährlich zum 31.12. sowohl eine Handels- als auch eine Steuerbilanz. Für die Heizölbestände gilt folgendes:

Bestand 31.12.2001: 500.000 l zu 0,17 EUR/l = 85.000,00 EUR

Im Laufe des Jahres 2002 hat Jansen folgende Einkäufe getätigt:

Datum Kauf	Menge/l	EUR/l	EUR gesamt
20.01	1.000.000	0,14	140.000,00
10.03.	600.000	0,17	102.000,00
16.04.	800.000	0,11	88.000,00
22.07.	400.000	0,18	72.000,00
07.09.	1.200.000	0,16	192.000,00
14.11.	1.400.000	0,19	266.000,00

Bestand 31.12.2002: 650.000 l

Am 31.12.2002 betragen die Wiederbeschaffungskosten des Heizöls 0,18 EUR/l.

Herr Jansen hat den Bestand in der Handelsbilanz nach dem FIFO-Verfahren angesetzt.

5.1 Ermitteln Sie den nach dem FIFO-Verfahren bewerteten Bestand zum 31.12.2002 und prüfen Sie, ob der Ansatz in der Handelsbilanz auf Grund der handelsrechtlichen Vorschriften zulässig ist.

5.2 Begründen Sie, dass das FIFO-Verfahren steuerrechtlich nicht angewendet werden kann.

5.3 Ermitteln Sie unter Angabe der einkommensteuerrechtlichen Vorschriften den Bilanzansatz des Heizöls in der Steuerbilanz zum 31.12.2002. (Hinweis: das LIFO-Verfahren kommt hier nicht in Betracht, weil Jansen von der Verbrauchsfolge FIFO ausgeht!)

Aufgabe 6: (25 Punkte)

Die Wohnungsbaugesellschaft mbH in Augsburg stellt jährlich zum 31.12. eine Bilanz auf, die sowohl handels- als auch steuerrechtlichen Vorschriften entspricht (Einheitsbilanz). Im Betriebsvermögen befindet sich ein Gebäude mit drei Geschossen, das am 01.10.2002 fertig gestellt war. Der Bauantrag datiert vom 10.09.1999.

Die Wohnungsbaugesellschaft mbH nutzt das Erdgeschoss für eigenbetriebliche Zwecke. Das 1. und 2. Obergeschoss ist zu Wohnzwecken vermietet. 40% der Herstellungskosten in Höhe von 600.000,00 EUR entfallen auf das Erdgeschoss. Die Nutzungsdauer des Gebäudes beträgt unstreitig 40 Jahre.

6.1 Ermitteln Sie unter Angabe der handelsrechtlichen Bestimmungen den Bilanzansatz zum 31.12.2002.

6.2 Ermitteln Sie unter Angabe der einkommensteuerrechtlichen Bestimmungen die Bilanzansätze zum 31.12.2002, die nach dem EStG möglich sind.

6.3 Bestimmen Sie den Bilanzansatz zum 31.12.2002, den die Wohnungsbaugesellschaft mbH vornehmen muss, um

- einen möglichst hohen Gewinn auszuweisen
- das Ziel der Gewinnminimierung zu realisieren.

Nennen Sie auch handels- und steuerrechtliche Grundlagen.

Aufgabe 7: (12 Punkte)

Die Textilhändlerin Gunda Seidig aus Berlin erstellt am 15. März 2003 ihren Jahresabschluss 2002. Der Forderungsbestand zum 31.12.2002 (Bilanzstichtag) beträgt 280.840,00 EUR:

Forderungen aus L + L 16% USt	226.200,00 EUR
Forderungen aus innergemeinschaftlichen Lieferungen	40.000,00 EUR
Forderungen aus Ausfuhrlieferungen	10.000,00 EUR
Zweifelhafte Forderungen 16% USt	4.640.00 EUR
	280.840,00 EUR

Das Konto „Forderungen aus L + L 16% USt" beinhaltet Forderungen aus der Lieferung von Dekorationsstoffen an die Stadt Berlin in Höhe von 8.330,00 EUR. Weiterhin enthält das Konto eine Forderung gegen die Textilfachkauffrau Beate Pulmann über 3.712,00 EUR.

Der Betrag von 4.640,00 EUR auf dem Konto „Zweifelhafte Forderungen 16% USt" ist eine Forderung gegen die Blusenfabrik Wintermann GmbH. Frau Seidig hat noch keine Abschreibung auf diese Forderung vorgenommen.

- Am 05.03.2003 hat Frau Seidig erfahren, dass Beate Pulmann aufgrund der Inanspruchnahme aus einer selbstschuldnerischen Bürgschaft am 18.12.2002 völlig unerwartet eine eidesstattliche Versicherung abgeben musste.
- Am 21.02.2003 erfährt Frau Seidig, dass über das Vermögen der Blusenfabrik Wintermann GmbH bereits im Dezember 2002 das Insolvenzverfahren eröffnet worden ist. Es ist unstreitig davon auszugehen, dass die Forderung uneinbringlich ist.

7.1 Ermitteln Sie unter Angabe der handels- und steuerrechtlichen Vorschriften den Bilanzansatz der Forderungen gegen Beate Pulmann sowie gegen die Blusenfabrik Wintermann GmbH zum 31.12.2002.

7.2 Begründen Sie, dass Gunda Seidig eine Pauschalwertberichtigung zu bilden hat und ermitteln Sie die Höhe zum 31.12.2002. Auf Grund der Erfahrungen aus den Vorjahren ist mit einem Ausfallrisiko von 1% zu rechnen.

Ende der Aufgabenstellung!

Anhang zur Abschlussprüfung 3

AUSZUG AUS DEM KONTENRAHMEN DATEV SKR 03

SKR 03	Kontenbezeichnung
0085	Grundstückswerte eigener bebauter Grundstücke
0090	Geschäftsbauten
0210	Maschinen
0650	Verbindlichkeiten gegenüber Kreditinstituten
0948	Sonderposten mit Rücklageanteil
0980	Aktive Rechnungsabgrenzung
0986	Damnum/Disagio
0990	Passive Rechnungsabgrenzung
1200	Bank
1400	Forderungen aus Lieferungen und Leistungen 16% USt
1575	Abziehbare Vorsteuer 16%
1600	Verbindlichkeiten aus Lieferungen und Leistungen
1700	Sonstige Verbindlichkeiten
1710	Erhaltene Anzahlungen (Verbindlichkeiten)
1741	Verbindlichkeiten aus Lohn- und Kirchensteuer
1742	Verbindlichkeiten im Rahmen der sozialen Sicherheit
1775	Umsatzsteuer 16%
2120	Zinsaufwendungen für langfristige Verbindlichkeiten
2310	Anlagenabgänge (Restbuchwert bei Buchverlust)
2315	Anlagenabgänge (Restbuchwert bei Buchgewinn)
2350	Sonstige Grundstücksaufwendungen
2739	Erträge aus der Auflösung von SOPO mit Rücklageanteil
2750	Grundstückserträge
3400	Wareneingang 16% Vorsteuer
3735	Erhaltene Skonti 16% Vorsteuer

SKR 03	Kontenbezeichnung
4100	Löhne und Gehälter
4130	Gesetzliche soziale Aufwendungen
4230	Heizung
4250	Reinigung
4830	Abschreibungen auf Sachanlagen
4655	Nicht abzugsfähige Betriebsausgaben
4930	Bürobedarf
8400	Erlöse 16% USt
8595	Sachbezüge 16% USt (Waren)
8735	Gewährte Skonti 16% USt
8801	Erlöse aus Anlageverkäufen 16% USt (bei Buchverlust)
8820	Erlöse aus Anlageverkäufen (bei Buchgewinn)

Anhang zur Abschlussprüfung 3

AUSZUG AUS DEM KONTENRAHMEN DATEV SKR 04

SKR 04	Kontenbezeichnung
00235	Grundstückswerte eigener bebauter Grundstücke
0240	Geschäftsbauten
0440	Maschinen
1200	Forderungen aus Lieferungen und Leistungen
1405	Abziehbare Vorsteuer 16%
1800	Bank
1900	Aktive Rechnungsabgrenzung
1940	Damnum/Disagio
2998	Sonderposten m. Rücklageanteil gem. § 7g Abs. 3,7 EStG
3150	Verbindlichkeiten gegenüber Kreditinstituten
3250	Erhaltene Anzahlungen auf Bestellungen
3300	Verbindlichkeiten aus Lieferungen und Leistungen
3500	Sonstige Verbindlichkeiten
3730	Verbindlichkeiten aus Lohn- und Kirchensteuer
3740	Verbindlichkeiten im Rahmen der sozialen Sicherheit
3805	Umsatzsteuer 16%
3900	Passive Rechnungsabgrenzung
4400	Erlöse 16% USt
4735	Gewährte Skonti 16% USt
4845	Erlöse aus Anlagenverkäufen 16% USt (bei Buchgewinn)
4855	Anlagenabgänge (Restbuchwert bei Buchgewinn)
4860	Grundstückserträge
4936	Erträge aus der Auflösung von SOPO mit Rücklageanteil
4945	Sachbezüge 16% USt (Waren)

SKR 04	Kontenbezeichnung
5400	Wareneingang 16% Vorsteuer
5735	Erhaltene Skonti 16% Vorsteuer
6000	Löhne und Gehälter
6110	Gesetzliche soziale Aufwendungen
6220	Abschreibungen auf Sachanlagen
6320	Heizung
6330	Reinigung
6350	Sonstige Grundstücksaufwendungen
6645	Nicht abzugsfähige Betriebsausgaben
6815	Bürobedarf
6885	Erlöse aus Anlageverkäufen 16% USt (bei Buchverlust)
6895	Anlagenabgänge (Restbuchwert bei Buchverlust)
7320	Zinsaufwendungen für langfristige Verbindlichkeiten

Stichwortverzeichnis

MIX
Papier aus verantwortungsvollen Quellen
Paper from responsible sources
FSC® C105338

If you have any concerns about our products,
you can contact us on
ProductSafety@springernature.com

In case Publisher is established outside the EU,
the EU authorized representative is:
Springer Nature Customer Service Center GmbH
Europaplatz 3, 69115 Heidelberg, Germany

Printed by Libri Plureos GmbH
in Hamburg, Germany